“十四五”职业院校新形态通识课教材

微课版

U0821398

大学生创新创业基础

主　编　刘　楠

副主编　李承恩　李　佳　胡　淳

参　编　宋　林　何　净　赵　愚　徐东明　夏　雨　何　静　范红梅　高　扬　刘　宇　高信哲　王　灿　师东伟　李西江

苏州大学出版社
Soochow University Press

图书在版编目(CIP)数据

大学生创新创业基础 / 刘楠主编. -- 苏州 : 苏州大学出版社, 2023.2
“十四五”职业院校新形态通识课教材
ISBN 978-7-5672-4315-6

Ⅰ. ①大… Ⅱ. ①刘… Ⅲ. ①大学生-创业-教材
Ⅳ. ①G647.38

中国国家版本馆 CIP 数据核字(2023)第 026619 号

书　　名: 大学生创新创业基础

主　　编: 刘　楠
责任编辑: 万才兰
装帧设计: 刘　俊

出版发行: 苏州大学出版社(Soochow University Press)
社　　址: 苏州市十梓街 1 号　**邮编:** 215006
印　　刷: 苏州工业园区美柯乐制版印务有限责任公司
邮购热线: 0512-67480030
销售热线: 0512-67481020

开　　本: 787 mm×1 092 mm　1/16　**印张:** 13　**字数:** 254 千
版　　次: 2023 年 2 月第 1 版
印　　次: 2023 年 2 月第 1 次印刷
书　　号: ISBN 978-7-5672-4315-6
定　　价: 59.00 元

若有印装错误,本社负责调换
苏州大学出版社营销部　电话: 0512-67481020
苏州大学出版社网址　http://www.sudapress.com
苏州大学出版社邮箱　sdcbs@suda.edu.cn

目 录

模块一 激发创新思维与创业意识

知识目标

★ 了解与知道

1. 创新的含义、特征及原则；
2. 创业的含义。

★ 理解与熟悉

1. 创新思维的基本特征；
2. 提高创新能力的途径。

★ 掌握与应用

掌握创新技法，学会应用创新技法提高创新能力。

任务 1 创新思维的激发

一、创意、创新与创业概述

（一）创意

创意是具有新颖性和创造性的想法，是破旧立新的创造，是打破常规的哲学。创意是基于对现实存在事物的理解及认知所衍生出的一种新的抽象思维和行为潜能。创意是一种通过创新思维意识进一步挖掘和改变资源组合方式，进而提升资源价值的方法。

创意是综合运用逻辑思维、形象思维、逆向思维、发散思维、系统思维、模糊思维和直觉、灵感等的结果。要重视直觉和灵感，许多创意都来源于直觉和灵感。

自人类诞生开始，创意就左右着人类的发展，人类的每一次发明、创造都源自在一定的环境、压力下产生的创意。

（二）创新

创新是指以基于现有的思维模式提出有别于常规或常人思路的见解为导向，利用现有的知识和物质，在特定的环境中，本着理想化需要或为满足社会需求而改进旧的或创造新的事物、方法、元素、路径、环境，并能产生一定有益效果的行为。

创新是一个过程，是一项有组织、系统性且富有理性的工作；创新是企业家展现其创业精神的特定工具，是赋予资源一种新的能力并使之成为财富的活动，创新本身就创造了资源。创新需要改变现存的资源及财富创造方式。当前，全球治理体系和国际秩序变动加速推进全球经济化、社会信息化、高新技术发展。我国经济发展进入了创新驱动、转型升级、构建新发展格局的新时代。创新是一个民族进步的灵魂，是一个国家兴旺发达的不竭动力，也是中华民族最深沉的民族禀赋。在激烈的国际竞争中，唯创新者进，唯创新者强，唯创新者胜。只有拥有创新精神的国家，才能立于世界强国之林。市场是无情的，竞争是残酷的，只有坚持创新，个人才能体现价值，企业才能获得发展优势，国家才能繁荣富强。

国际社会认同的特指“创新”的英文是 innovation，有别于“创造”（英文为 creation）和“发明”（英文为 invention）。当前国际社会对于“创新”的定义比较权威的有两个：一是 2000 年经济合作与发展组织（OECD）在《学习型经济中的城市与区域发展》报告中提出的“创新的含义比发明创造更为深刻，它必须考虑在经济上的运用，实现其潜在的经济价值。只有当发明创造引入经济领域时，它才成为创新”；二是 2004 年美国竞争力委员会提出的“创新是把感悟和技术转化为能够创造新的市值、驱动经济增长和提高生活标准的新的产品、新的过程与方法和新的服务”。

国内外学者从技术创新、管理创新等多个方面对创新进行阐述，为进一步理解把握创新奠定了基础。创新是一个综合性概念，随着社会发展，其内涵也在不断变化。创新的内在特性体现在两个方面：首先，创新要立足现实。创新是对现实存在的变革和超越，如科学发现、技术革新等皆源于对社会需求的思考，没有一项创新活动可以脱离社会实际而顺利发展。只有主体立足客观实际，准确认识、把握事物的本质和规律，并将其与主观愿望相结合，才能够达到改造客体的目的。其次，创新要批判继承。创新是对已有观念和做法的突破，但也要对前人经验有所继承，创新中的继承不是“照单全收”、简单重复，而是坚持一分为二地对好的因素进行继承，对不合时宜的方面进行批判。

（三）创业

《现代汉语词典》（第7版）对“创业”的解释是“创办事业”。而“事业”是指人所从事的，具有一定目标、规模和系统而对社会发展有影响的经常活动。《辞海》（第六版）对“创业”的解释是“创立基业”。基业是指事业发展的基础。

创业有广义和狭义之分。狭义的创业通常指创建一个新企业。新企业的创办需要符合法定程序，能够提供满足市场需要的产品和服务，并在市场上完成交易。广义的创业通常指创造新事业。

创业的一般过程是创业者产生创业想法，到创建新企业或开创新事业，再到获取回报，涉及识别机会、组建团队、寻求融资等一系列活动。创业通常包含六个主要环节：产生创业动机、识别创业机会、整合有效资源、创建创业企业、提供市场价值、收获创业回报。

1 产生创业动机

产生创业动机是识别创业机会的前提，是创业的原动力，它推动创业者去发现和识别市场机会。创业活动的主体是创业者，创业活动能否开展首先取决于个体是否希望成为创业者。很多人是看到了创业机会，受潜在收益的诱惑而产生了创业动机，进而成为一名创业者或创业团队成员。一个人能否成为创业者会受三方面因素的影响：一是个人特质。每个人都可能具有创业意愿，但其创业意愿的强度不同，强度的大小会受环境的影响。比如，温州人的创业意愿相对强烈，其中环境起到了很大的作用。二是创业机会。创业机会的增多会形成巨大的利益驱动，促使更多的人尝试创业。经济社会转型、技术进步等在使创业机会增多的同时，也会降低创业门槛，进而促成更大的创业热潮。三是创业的机会成本。人们若能从其他工作获得高收入，其创业意愿就不太强烈。

2 识别创业机会

识别创业机会是创业的核心环节。识别创业机会包括发现机会来源和评价机会价值，一般应澄清四个基本问题：第一，来自何处，即创业者应该找到创业机会的来源；第二，受何影响，即创业者应该找到影响创业机会的相关因素；第三，有何价值，即创业者应该找到创业机会所具有的并能被评价的价值；第四，如何实现，即创业者应该明了能通过什么形式或途径使创业机会变成实际价值。围绕这些问题，创业者在识别创业机会阶段需要采取行动，多与他人交流，多观察，多思考，多分析，抓住创业机会。

3. 整合有效资源

整合资源是创业者发掘创业机会的重要手段。一般情况下，创业者可以直接控制的可用资源很少，创业者几乎要白手起家，经历从无到有的过程。对于创业者来说，整合资源往往意味着要“借船出海”，要靠盘活别人掌握的资源来实现自己的创业起步。人、财、物都是开展创业活动所必需的基本生产要素。创业者所需要整合的资源，首先是能组建团队的人、创业资金，其次是创业的基础设施，包括创业场地和平台。创业是创业者在受资源约束的情况下开展的具有创造性的工作，所以创业者在创业初期乃至新企业成长的很长一段时间里，都要把主要精力放在资源的获取上，以解决企业的生存问题。此外，创业者还需要围绕创业机会设计出清晰的、有吸引力的商业模式，有时还需要制订详细的创业计划，以向潜在的资源提供者陈述和展示，从而获取更多的资源支持。

4. 创建创业企业

新企业的创建是创业行为开展的标志。创建新企业涉及企业制度设计、企业注册、企业经营地址选择、进入市场的途径确定（包括选择完全新建企业、加入或收购现有企业等）。

5. 提供市场价值

创业者识别创业机会、整合资源、创建新企业等的目的是实现创业目标。但能否最终实现创业目标要看创业者能否提供市场价值。这关系到新企业的生存与成长。因此，创业者必须面对挑战，采取有效措施，使创业的市场价值充分实现，不断让客户获得收益，从而获得企业的长期利润，逐步把企业做活、做大、做强。

6. 收获创业回报

收获创业回报是创业活动的主要目的。回报是多种多样的，创业者对回报的满意程度在很大程度上取决于创业者的创业动机。创业者的创业动机不同，对收获创业回报的态度也会有所不同。对于多数年轻创业者来说，最为理想的回报之一是自己创建的企业快速成长，并成功上市。

二、创意、创新与创业的关系

（一）创意与创新的关系

创意是创新的基础。类人猿首先想到了造石器，然后才把石器造出来，而石器一旦被造出来，类人猿就变成了人。人类是在创意、创新中诞生的，也是在创意、创新中发展的。我们所见到的一切产品都起源于创意，然后才有创新，再然后才有持续不断地重复制造。

（二）创新与创业的关系

创新是一个以新思维、新发明和新描述为特征的概念化过程。创业是人类社会生活中的一项最能体现人的主体性的社会实践活动，它是一种劳动方式，是一种需要创业者组织和运用服务、技术、器物作业的思考、推理、判断行为。虽然创业与创新是两个不同的概念，但是这两个概念之间存在着本质上的契合、内涵上的相互包容和实践过程中的互动发展。

1. 创新是创业的基础，创业推动着创新

从总体上说，一方面，科学技术、思想观念的创新促进人们物质生产和生活方式的变革，引发新的生产、生活方式，进而为整个社会不断提供新的消费需求，这是创业活动源源不断的根本原因。另一方面，创业本质上是人们的一种创新性实践活动。无论何种性质、何种类型的创业活动，它们都有一个共同的特征，那就是创业是一种能动性的、开创性的实践活动，是一种高度的自主行为。在创业过程中，创业主体的主观能动性会得到充分的发挥，这种主观能动性充分体现了创业的创新性特征。

2. 创新是创业的本质与源泉

创业涉及创新和未曾尝试过的技术。创业主体只有在创业的过程中具有创新思维和创新意识，才可能产生新的富有创意的想法和方案，才可能不断寻求新的模式、新的思路，最终取得创业的成功。

3. 创新的价值在于创业

从一定程度上讲，创新的价值就在于将潜在的知识、技术和市场机会转变为现实生产力，实现社会财富的增长，造福于人类社会，而实现这种转化的根本途径就是创

业。创业者可能不是创新者或发明家，但必须具有能发现潜在商机的能力和勇于冒险的精神。创新者也不一定是创业者或企业家，但是创新成果一般经由创业者走向市场，实现价值市场化，转化为现实生产力。

4. 创业推动并深化创新

创业可以推动新发明、新产品或新服务的不断涌现，创造出新的市场需求，从而进一步促进和强化各方面的创新，推动经济增长。

三、创新思维的特征与影响因素

（一）创新思维的特征

创新思维是指以新颖独创的方法解决问题的思维过程，是从超常规甚至反常规的视角去思考问题，提出与众不同的解决方案，从而产生新颖的、独到的、有社会意义的思维成果。

创新思维的核心是创新。人们通常根据是否具有创新性把思维活动分为两种：一种是重复性思维（也称再现性思维、常规性思维），另一种是创新思维（也称创造性思维、创造思维）。重复性思维是对已经接收到的信息的重复和再现，利用的仅是大脑的记忆和存储功能；而创新思维是根据需要（问题）对存储信息进行新的加工，具有思维的创新性。创新思维具有如下特征。

1. 独立性

所谓创新思维的独立性就是与众人、前人不同，独具卓识。创新思维要解决的问题是没有现成答案的，不能照搬常规、传统方法来处理。

2. 综合性

创新是一种探索性活动，从发现、提出问题到创造出新成果，整个过程势必有许多曲折、反复，因而也一定有多种思维方式的参与：既有知觉的洞察和灵感的闪现，又有想象的驰骋和类比的启迪，更不乏演绎与归纳、思维发散与集中。只有灵活、综合使用多种创新思维方法，才会有不一样的创新。

3. 突破性

创新思维的结果体现为创造出新成果。而要创造出新成果，创新者往往要在思维的某些方面有所突破，可以说，突破性是创新思维最明显的一个特征。首先，突破性体现为创新者突破原有的思维框架，即在思考有待创新的问题时，有意识地抛开头脑中以往思考类似问题时所形成的思维程序和模式，摆脱以往的思维程序和模式对寻求新的设想的束缚。其次，突破性体现为突破已有的思维定式。俗话说“习惯成自然”，特别是思维上的习惯一旦形成，就会让人不知不觉地按照已形成的思维定式去思考问题。再次，突破性体现为超越人类既存的物质文明和精神文明成果。从超越既存的物质文明成果来看，产品的更新换代就是科技研发人员敢于超越原产品的创新思维结果。从超越既存的精神文明成果来看，爱因斯坦突破了牛顿经典力学的静态宇宙观去思考，从而创立了狭义相对论。

4. 灵活性

创新思维往往是在超出逻辑思维、出人意料地违反常规的情形下出现的。它不够严密或暂时体现不出什么道理。创新思维的产生常常具有跳跃性，省略了逻辑推理的中间环节。创新思维的视角能随着条件的变化而转变，摆脱思维定式的消极影响，变换视角看待同一问题，重新解释信息。它反对一成不变的教条，会根据不同的对象和条件，具体情况具体对待，灵活应用各种思维方式。

（二）创新思维的影响因素

创新思维的主体是人。个体思维的发挥受许多因素的限制。总体来说，有内因和外因两大方面。具体而言，内因包括知识、兴趣、独立人格等，外因包括环境、文化等。环境和文化是我们生活和工作的人生舞台，大到国家、社会，小到校园、家庭，它们都有不一样的环境和文化，这些都影响着一个人创新思维的发挥。但是，在一个人的成长过程中，内因起决定性作用，因此创新思维能力的强弱最终还是取决于内因的发挥作用程度。

学习链接

微课：走进大学生创业

知识卡片

创新的基本特征

1. 创新的起点在于问题

提出一个问题往往比解决一个问题更重要。解决一个问题也许仅仅需要一个数学上或实验上的技能，而提出一个问题则需要想象力，而且提出问题意味着科学的真正进步。并不是每个问题都有价值，但我们提出的问题越多，出现好想法的机会也就越多。

2. 创新的关键在于突破

要创新，就要突破常规、突破固有的习惯、突破条条框框、突破已有经验、突破思维定式，创新就是对传统的“背叛”。

3. 创新的本质在于新颖

创新的意义在于“出新”，“新”是创新的本质，是创新的价值所在。所有创新都必须在创新思维的作用下，用新的思路、新的方法去解决问题，从而获得新的理论、新的技术、新的设计、新的方案、新的产品。

4. 创新的基础在于继承

“新”是在“旧”的基础上发展变化而来的，所以继承是一切创新的基础，只有在继承的基础上创新，才是科学的。

5. 创新的目的在于发展

创新的目的很明确，就是要有利于自然界的发展，有利于社会的发展，有利于人的发展。

创新的基本原则

1. 遵循科学技术原理

创新必须遵循科学技术原理，不得有违科学发展规律。

2. 接受市场评价

创新要想经受住市场考验，实现商品化和市场化，就要遵循接受市场评价原则，就要考察创新对象的商品化和市场化的发展前景，看它的性能、价格是否具有竞争力。

3. 相对较优

创新，不是盲目追求“最优”“最佳”“最美”“最先进”。在创新的过程中，利用创造原理和方法，会获得许多创新设想，它们各有千秋，这时人们就需要按相对较优的原则，对设想进行判断和选择。

4. 机理简单

在创新的过程中，始终贯彻机理简单原则，进行如下检查：一是新事物所依据的原理是否重叠，超出应有范围；二是新事物所拥有的结构是否复杂，超出应有程度；三是新事物所具备的功能是否冗余，超出应有数量。

5. 构思独特

所谓构思独特，是指创新贵在独特，可从构思的新颖性、开创性、特色性等几个方面考察。

6. 不轻易否定及简单比较

不轻易否定及简单比较是指在分析评判各种创新方案时应注意避免轻易否定及简单比较的倾向。一方面，不要轻易否定新事物，比如，在飞机发明之前，科学界曾从“理论”上对飞机进行了否定的论证；过去也曾有权威人士断言，无线电波不可能沿着地球曲面传播，无法成为通信手段。另一方面，不要随意在两个事物之间进行简单比较，我们应在尽量避免盲目地、过高地估计自己的设想的同时，重视别人的创意和构想。

创新创业实例

青青芒果晚来熟，久经吹灼而后甜

——记云南经贸外事职业学院学生杜永升

近年来，“大众创业，万众创新”持续向更大范围、更深程度推进。为了更好地执行国家鼓励大学生创新创业的相关政策，云南经贸外事职业学院专门成立了大学生创新创业中心，负责创新创业教育工作，并安排了专业的教师负责及推动创新创业工作的开展。在学校的号召下，经过教师的不懈努力，云南经贸外事职业学院涌现出了一些杰出的创新创业代表，譬如“云南小花”马玲敏。而循着学长学姐的足迹，一批又一批的“经外创新人”正在纷至沓来，正在推进“景川冬芒”项目的杜永升便是其中之一。

杜永升于2018年考入云南经贸外事职业学院，入学后在各方面表现都十分优异，是负责班级工作的班委，也是热爱生活、热爱运动的“老大哥”。杜永升经常通过社会实践等方式锻炼自己，积累了很多社会经验，加之年纪稍大于其他同学，对事对人都表现出成熟稳重的一面，因而有了“老大哥”之名。在学校创新创业课程的启发下，杜永升将自己的亲身经历与新思维相融合，萌生了让自家的景川冬芒有新发展的想法。景川冬芒是比市面上的芒果晚熟两个月左右，而不为多数人所知的一种芒果。杜永升利用所学知识，在学校创新创业教育教师的指导下，将传统农业与现代互联网相结合，借助于自媒体，让景川冬芒走进了大众的视野。

为了更好地落实创新创业教学工作，教授学生创新创业方法及相关理论知识，云南经贸外事职业学院设立了“大学生创新创业基础”课程。课程面向所有一年级学生开设，共32个学时，采用实践加教学的授课方式，让不同专业的学生学习创新创业知识、感受创新创业氛围，让新生对大学生创新创业有了新的认知。杜永升便是在课程的学习中萌生了将传统农业与现代自媒体宣传相结合的新想法。此外，近年来社会各界对大学生创新创业非常关注，云南经贸外事职业学院每年都会举办很多关于大学生创新创业的各级赛事。为了让学生把知识与实践相结合，为更多学生提供参与创新创业活动的机会，云南经贸外事职业学院积极引导学生参与各种创新创业大赛。杜永升在昆明市职业技能比赛中获创新创业三等奖，在“第五届中国‘互联网+’大学生创新创业大赛”校赛中获第三名。杜永升在比赛过程中与云南大学滇池学院的学生相互学习，汲取经验，不断改进“景川冬芒”项目。

一方面，为了配合“大学生创新创业基础”课程的实践工作，给学生提供足够的创新实践的机会和场地，云南经贸外事职业学院建设了云南经贸外事职业学院国际创业孵化产业园；另一方面，为了更好地配合学生完成创新创业项目，云南经贸外事职业学院在已有的专兼职创新创业导师团队的基础上，又聘请各领域企业家作为创业导师，通过讲座、面对面指导等方式帮助学生推进项目。杜永升的“景川冬芒”项目便是在进入孵化园后，在各方的帮助与指导下有序推进的。

杜永升始终相信，成功或许与自己还有一段距离，但只要坚持下去，它就会离自己越来越近，就像这景川冬芒——“青青芒果晚来熟，久经吹灼而后甜”。晚熟的芒果，越过了一般芒果不能跨越的两个月，积累下更多的糖分，也就更甜。

杜永升在2019年昆明市职业技能比赛中获得创新创业三等奖。初次参赛的杜永升在演讲等各方面都存在些许不足，但首次参赛便获奖也是对其前期工作的肯定。杜永升在赛后对自己的团队提出了新的要求，对自己的不足之处也及时加以弥补。

杜永升后来参加“第五届中国‘互联网+’大学生创新创业大赛”，在校赛中斩获了第三名的好成绩。这充分肯定了杜永升在第一次比赛以后所做的各项努力。他自己，他的团队，都在不断积累经验，不断走向成熟。

杜永升于2022年参加“第八届中国国际‘互联网+’大学生创新创业大赛”并获得省赛金奖。他还在学校的推荐下到云南大学参与大学生创新创业大赛的培训交流，回来后分享了自己的两点感受：第一，在云南的第一学府见到了很多优秀的人，并且优秀的人都在努力；第二，创业不是说说而已，而是意味着你比常人要付出更多。

想一想：

1. 杜永升的创新创业项目的创意点是什么？
2. 对于杜永升的创新创业项目，你有什么样的看法？

实训任务

奇思妙想画图画

<table>
<tr><td colspan="2">任务描述：通过对本任务的学习，相信大家已经对创新与创业有了一定的了解，那就赶快行动起来进行一次大胆的创新活动吧！
第一步：请大家在方框中画出六个元素（两条不长不短的直线，两个不大不小的圆，以及两个三角形）。小组内进行比对：是否有人画出的元素是相同的？</td></tr>
<tr><td>1.</td><td>2.</td></tr>
<tr><td>3.</td><td>4.</td></tr>
<tr><td>5.</td><td>6.</td></tr>
<tr><td colspan="2">第二步：请将你画出的六个元素组合成两个生活中可见的物品。</td></tr>
<tr><td>1.</td><td>2.</td></tr>
<tr><td colspan="2">第三步：请说出一个你平时最喜欢的零食（　　　　　），并运用第一步画出的六个元素为你喜欢的零食打造一个独特的 Logo。</td></tr>
</table>

延伸思考

1. 如何理解创新？
2. 如何理解思维创新是创新的第一步？
3. 创意、创新与创业之间有什么关系？彼此之间又有哪些区别？

任务 2 创新能力的提高

一、创新能力概述

（一）创新能力的内涵及缺失原因

❶ 创新能力的内涵

创新能力是个体运用已知信息、知识、经验等，产生某种独特、新颖、有社会价值或个体价值的产品的能力。它包括创新精神、创新思维、创新技能三个部分，其中创新思维是核心。

（1）创新精神

创新精神是指创新的意识、兴趣、勇气和毅力。具有创新精神的人常常不满足于现实，有强烈的批判精神；不满足于自己，有持续的超越精神；不满足于以往，有积极的反思精神；不满足于成绩，有旺盛的开拓进取精神；不怕困难，有冒险献身的精神；不怕变化，有探索求真的精神；不怕挑战，有竞争合作的精神；有强烈的好奇心、旺盛的求知欲、丰富的想象力和广泛的兴趣等。

（2）创新思维

创新思维是指个体具有的观念层面的新颖、独特、灵活的问题解决方式。具有创新思维的人感受敏锐，思维灵活，能发现常人视而不见的问题，并能多角度地思考和找出解决办法；理解深刻，认识新颖，能洞察事物本质，并能进行开创性的思考。

（3）创新技能

创新技能是指将创新活动付诸实施的技巧和操作能力，是一种方法能力。它包括信息加工能力、实验操作能力、技法运用能力、创新物化能力等。只有切实掌握创新技能，才能使创新思维落地，使创新活动顺利实施，并最终获得丰硕的创新成果。

❷ 创新能力缺失的原因

（1）缺乏创新意识和创新欲望

缺乏创新意识和创新欲望，即求知欲不强，依赖性强，不注重思考和质疑，缺乏“问题意识”，主观上不注重创新能力的获取和提升。

（2）缺乏创新兴趣

创新兴趣是推动人们积极从事创新工作的动力，是人们在艰辛烦琐的创新探索中获得快乐的源泉。若缺乏创新兴趣，则难以激发创新潜能，无法达到创新工作需要的广度和深度。

（3）受思维定式影响

在长期的思维实践中，每个人都会形成自己所惯用的、格式化的思维模式，当面临外界事物或现实问题的时候，就会不假思索地把它们纳入特定的思维框架，并沿着特定的思维路径对它们进行思考和处理。

（4）对科学的崇尚意识与行动落实之间存在较大落差

很多人在认识上追求创新，体现出了比较积极主动的精神状态；但在行动上不能落实，主动性发挥不够，欠缺投身于实践的勇气和能力。

（二）创新能力自我评估

❶ 创新能力的组成要素

创新能力由两部分组成。一部分是智力，包括知识和能力。知识学得越多、学得越活，个人的创新能力可能就越强。能力包括理解力、记忆力和想象力。另一部分是人在面对复杂局面时迅速抓住要害并找出解决办法的能力，如在复杂的工作中发现机遇并抓住机遇的能力，可以概括为以下六个方面：一是感知能力，即敏锐的观察力；二是变通能力，即不拘于定理；三是沟通能力，指在交流中碰撞出思想火花；四是前瞻能力，即要高瞻远瞩；五是诊断问题并找出解决办法的能力；六是利用信息的能力。

❷ 创新能力评估的维度

（1）学习能力

学习能力，即获取与掌握知识、方法和经验的能力，包括阅读、写作、理解、表达、记忆、搜集资料、使用工具、对话和讨论等能力。

（2）分析能力

分析能力，即把事物的整体分解为若干部分进行研究的能力，要做到由表及里、由浅入深、由易到难地认识事物和问题。分析能力与个人的知识、经验、禀赋、使用分析工具和方法的水平、共同讨论与合作研究的品质有关。

（3）综合能力

综合能力，即把研究对象的各个部分结合成一个有机整体进行考察和认识的技能与本领。综合能力包括思维统摄与整合的能力、积极吸收新知识的能力和研究分析的能力。

（4）想象能力

想象能力，即以一定知识和经验为基础，通过直觉、形象思维或组合思维，不受已有结论、观点、框架和理论的限制，提出新设想、新创见的能力。

（5）批判能力

批判能力，即在学习已有知识和经验时，进行批判性吸收和接受的能力。质疑和批判是创新的起点，重大创新成果通常都是在对权威理论进行质疑和批判的前提下出现的。

（6）创造能力

创造能力，即首次提出新的概念、方法、理论、工具、解决方案、实施方案等的能力，是创新人才的禀赋、知识、经验、动力和毅力的综合体现。

（7）解决问题的能力

解决问题的能力，即面对问题，调动已有的经验、知识和方法，创造性地组合已有的方法乃至提出新方法来予以解决的能力。

（8）实践能力

实践能力，即社会实践能力，是为实现创新目标进行各种社会实践活动的能力。

（9）组织协调能力

组织协调能力，即合理调配系统内的各种要素，发挥系统的整体功能，通过沟通、说服、资源分配和荣誉分配等手段来组织协调各方以最终实现创新目标的能力。

（10）整合多种能力的能力

整合多种能力的能力，即创新人才能把多种能力有效地整合在一起发挥作用的能力。只有多学习、实践，才能拥有整合多种能力的能力。

二、提高创新能力的途径

在现代人才的规格和素质要求中，创新能力被认为是一个人能力结构层次中最高层次的能力，具备不断创新的才能是未来人才素质的重要特征。创新能力将成为人们适应未来信息社会的急剧变化性和高度竞争性的一种生存能力。

在知识经济时代，大学生成为推动中国知识经济发展的中坚力量。教育部制定的《面向21世纪教育振兴行动计划》，已明确把培养学生的创新意识和创新能力放到教育教学的突出位置，这就在客观上为大学生提高创新能力提供了有利的环境支持。但从根本上说，大学生创新能力的培养与提高，除了需要很好的教育环境支持外，还需要大学生的主观努力。

（一）注重创新个性的培养

个性，是指人在后天活动中逐步形成的习惯和行为方式，它包括一个人的处事原则、对事物的态度和活动方式三个基本要素。创新个性就是在对待事物的态度方面，能具备从事创新活动所必需的、正常的、健全的心理。创新人才应具备以下个性心理品质：一是有高度的自主性和独立性；二是想象丰富、假设大胆、勇于冒险，善于抓住机会；三是思维敏捷，思想活跃；四是有旺盛的求知欲、强烈的好奇心；五是具有坚韧不拔的毅力和科学探索精神。

大学生需要从以下方面努力：

（1）立鸿鹄之志

大学生要胸怀远大理想，厚植家国情怀，要有为国家、社会做贡献的创新渴望。创新欲望越强烈，越有利于激发创新热情与创新意识。

（2）相信自己

培养与提高创新能力的首要心理条件，就是充分坚信自己具有创新潜能。坚定信心，有利于增强锐意进取、百折不挠的意志，促进创新思维发展和创新想象活动的开展。

（3）培养探索问题的敏锐性

大学生要培养自己对新生事物的好奇心和观察问题的敏锐性，逢事多问几个“为什么”，不要对什么事都习以为常、安于现状。要能及时抓住新生事物的发展苗头，把握创新机会。

（4）养成独立思考问题、解决问题的习惯

一个缺乏独立思考能力、习惯于附和多数、人云亦云的人，是很难有创新意识和创新作为的。爱因斯坦曾指出："发展独立思考和独立判断能力，应当始终被放在首位，而不应当把获得专业知识放在首位。"可以说，没有独立思考，就没有爱因斯坦的相对论；没有独立思考和对"地心说"的批判，就没有哥白尼的"日心说"。

(5) 保持竞争心态和好奇心

大学生要保持良好的竞争心态，积极参与竞争，在竞争中进行自我激励；要有足够的好奇心，积极参与各项事务。

(二) 优化知识结构

知识是人类进行观察、思考和想象的基础。没有丰富的知识，就不可能有丰富的想象力，而想象力在创新能力的内在形成机制中起着十分重要的作用。任何创新都是对旧的水平、理论、方法、规范的突破，如果一个人对前人的知识、技能不能很好地继承，不能融会贯通，就很难有所突破，很难提出新的思想、观点和方法。著名的生理学家巴甫洛夫曾对青年说："你们在攀登科学顶峰之前，务必把科学的初步知识研究透彻。"因此，大学生要注重知识结构的建构与优化，做到以下几点：

一是努力学习和掌握基础理论知识，力求融会贯通、化知为智。

二是努力拓宽知识面，强化知识的系统性和整体效应。除了学好专业知识外，还应对社会、经济、政治、人文、管理等方面的知识有所了解，掌握与专业相关的学科知识和技术要领，并注重各学科知识间的交叉、渗透与综合。

三是不断进行大容量的新知识储备。要注重对最新理论、最新技术和最新信息的了解，不断探求新的知识，努力掌握社会、文化、科技发展的最新动向。

(三) 掌握创新理论、方法并积极实践

学习和掌握一些科学的创新理论和方法，是培养与提高创新能力的关键途径。科学的创新理论和方法是科学家们在长期的科学创造实践中探索总结出来的，对创新能力的培养与提高具有很强的指导意义。对于大学生来说，一是要掌握辩证唯物主义的世界观和方法论，遵循辩证唯物主义的认识路线，用正确的认识论指导自己的实践，避免在创新活动中走弯路、误入歧途；二是要学习有关创造学原理，掌握创新活动的内在机制、基本过程和内容，学会如何进行创新，同时还应掌握从事学科研究的一般方法、技能和规律，以提高科研能力；三是要掌握创新技法，如移植创新法、逆向创新法、外向创新法、极端化创新法等一些科学的创新技法。

社会实践是人类能动地改造自然和社会的活动。可以说，一切创新的内容都来源于社会生活，来源于社会需求。在校大学生应充分认识社会实践对创新活动的重要性，多途径参加社会实践活动，如积极参加社会调查活动、社会实习活动、科研课题

研究工作等。大学生通过参加社会调查活动，可以了解和掌握现实生活中出现的新问题、新情况和新需求；通过参加社会实习活动，可以发现现有的理论、观点和研究方法在现实条件下遇到的新挑战，为寻找“创新点”、确立“创新选题”创造条件；通过参加科研课题研究工作，可以对学过的知识进行综合与深化，在科研中提升知识水平。

在社会实践方法上，大学生一方面要坚持实践内容和形式的多样性，以实现多侧面、多领域锻炼；另一方面要强调实践的创新性，提高实践的层次，每一次实践不能只是简单地重复过去，只有在内容和形式上都比过去有所发展、有所突破，才能有所创新。同时，大学生还应注重提高对每次实践活动的利用率，注重在群体实践活动中相互学习、取长补短，提升自己。

知识卡片

创新潜质

创新潜质，有时也称创新潜力，是指一种隐于个体内的隐性能力状态，主要由某一领域的基础知识和经验、创造性人格和认知风格、创造性思维能力、创造性实践技能等要素构成。其中，有好奇心、开放、独立、大胆创新、有毅力、有信心等是创造性人格的共同特性。创造性认知风格具有以下特点：思维流畅，即有利于迅速产生连续反应，善于掌握事物的内在联系，不追求唯一正确的答案；思维灵活，不受事物原有形象或功能的约束，容忍模糊，能够适时转移注意力；感知敏锐，善于质疑，有很强的好奇心和观察力，能够集中注意力；不迷信权威，有很强的怀疑精神；感知全面、客观，存储丰富的表象，独立性强；敢于冒险，不怕失败，大胆创新；宽容地对待各种设想，具有浪漫精神和超现实感；富有想象力和幽默感，视觉表象丰富，能把两类距离很远的事物联系在一起。

创新创业实例

万物皆可削的“云南小花”

——记云南经贸外事职业学院毕业生马玲敏

“云南小花”马玲敏于2014年考入云南经贸外事职业学院，在校期间表现优异，充分利用学校给予的机会锻炼自己，利用假期兼职历练自己。在学校创新创业课程的启发下，她走上了创业的道路。毕业后，她回到家乡结合当地的特色和新媒体的兴起，进入短视频和直播领域，取得了巨大的成功。

她的成功源自何处呢？

用马玲敏的一句话来说就是："我能够取得今天的成绩是受到创业课程的启发，萌发了创业动机，逐步走上自己的创业之路。"

为了能够给学生提供足够的创业实践的机会和场地，云南经贸外事职业学院打造了1 500余平方米的国际创业孵化产业园，总计每年可以孵化30余个企业项目。孵化园内还有专题孵化中心，包括"跨境电商创业实践训练中心""汽修产业孵化中心""新媒体菁英孵化中心"等，马玲敏就是孵化园项目的实践者，她是从"新媒体菁英孵化中心"走出来的优秀代表。

为了更好地指导学生开展创业实践活动，云南经贸外事职业学院聘请了10余名企业家成为创业导师，为在校学生举行讲座、沙龙等交流活动。马玲敏就是通过一次沙龙活动认识了来自云南经贸外事职业学院合作企业雏鹰农牧集团股份有限公司的许峻玮先生。许先生是新媒体方面的专家，在他的指导下，马玲敏的短视频项目逐渐找到了适合自己的风格和定位，并迅速成长起来。

为了丰富学生的课外生活，为学生提供参与创新创业活动的机会，云南经贸外事职业学院开展了一系列活动来激发学生的创业热情，每年举办各类大型创新创业讲座、交流活动，创业企业商业模式分析会、路演会，各类创业大赛。马玲敏参与的创业项目曾在"互联网+"大学生创新创业大赛上获得金奖，这为她后来创业成功做了铺垫，同时也进一步增强了她进行创业实践的信心。

从初中开始到大学毕业，马玲敏把所有的假期都利用起来去兼职历练自己，她做过饭店服务员、卖过手机、发过传单、做过跑场主持等。进入大学后，她充分利用学校提供的机会积极参加各种活动锻炼自己，如参加学生会、组织晚会、去敬老院帮助老人等。这一切都已经为她日后的成功埋下了伏笔。

毕业后的马玲敏完全将短视频制作与电商直播做成了事业，但是由于经验有限，难免遇到困难和挫折，她回到学校反复请教老师，彻底打破自己原有思维的局限。同时，老师们针对她的特长和优势，协助她选定一个可以产生亮点的主题短视频——"万物皆可削"的削水果系列，这也和她后面做云南农特产品电商直播形成了呼应。此后，她的平台粉丝爆发性增长，取得了很多傲人成绩。

1. "云南小花"成为云南扶贫电商新模式的典型代表

马玲敏及其团队紧紧围绕短视频和云南农特产品电商直播进行项目运营，他们通过自己的努力帮助云南偏远山区的农户把水果等农特产品卖出去。2019年，整个团队走了上万里路，走进了30多个偏远落后的村庄，发掘了30多种原生态的时鲜水果，帮助贫困农户卖出了200多吨的农特产品。"云南小花"俨然已经成为云南扶贫电商新模式的典型代表，也因此被央视采访。

2.“云南小花”成长为一个拥有近900万粉丝的超级“网红”

在导师的指导和团队的共同努力下，马玲敏不断把视频和内容做精，不辞辛苦地加大直播力度，最长一天直播超过8小时。功夫不负有心人，2019年，她在抖音和快手等平台上的粉丝数接近900万，成为一个不折不扣的超级“网红”。

3. 参加全球女性创业者大会，成为扶贫女性的杰出代表

2019年8月，因为马玲敏及其团队为云南贫困地区扶贫工作所做的突出贡献，马玲敏获邀以全球扶贫女性代表的身份参加了在杭州举办的全球女性创业者大会并在会上发言。

想一想：

1. 通过此案例，我们可以总结出要做到创新、完成创业需要具备哪些精神特质？
2. 结合案例分析我们生活中近期出现的哪些新事物暗含了创新的理念。

学习链接

微课：创新思维的开拓

知识卡片

大学生创业需要具备的技能

大学生创业需要具备的技能可以分为大学生创业基础技能和大学生创业实践技能，主要包括创新能力、专项能力和综合能力。

1. 创新能力

创新是民族振兴、国家富强的动力，也是社会不断发展、不断进步的源泉。在现代社会，不管从事何种行业，创新能力都已经成为不可或缺的能力。

创业实际上就是创造一个充满创新性的事业，所以创业者必须具备创新能力，有创新思维、无思维定式，不墨守成规，能根据客观情况的变化，及时提出新目标、新方案，不断开拓新局面，创出新路子，可以说，不断创新是创业者不断前进的关键。

2. 专项能力

创业是一个复杂的过程，大学生创业需要三项专业能力：一是决策能力，二是经营管理能力，三是专业技术能力。

(1) 决策能力

决策能力，即创业者根据主客观条件，因地制宜，正确地确定创业的方向、目标、战略，以及选择具体实施方案的能力。决策是一个人综合能力的表现，一个创业者首先要成为一个决策者。决策能力包括分析能力和判断能力。大学生要创业，首先要对众多的创业目标及方向进行比较分析，选择最适合发挥自己特长与优势的创业方向和途径、方法。在创业的过程中，大学生要从错综复杂的现象中发现事物的本质，找出存在的真正问题，分析原因，从而正确处理问题。所谓判断能力，就是能从客观事物的发展变化中找出因果关系，并善于从中把握事物的发展方向。分析是判断的前提，判断是分析的目的，良好的决策能力是良好的分析能力叠加良好的判断能力。

创办一个企业，不但要处理大量的事务性问题，还要为企业建章立制，即便是只有一两个人的小店铺或家庭企业也不能例外。只有具备了决策能力，才能把企业的人员与业务安排得井井有条，并能及时处理所遇到的一切问题。

(2) 经营管理能力

经营管理能力，即指对人员、资金的管理能力。它涉及人员的选择、使用、组合和优化，也涉及资金的聚集、核算、分配、使用、流动。小企业要生存、发展，创业者必须具有良好的经营管理能力。俗话说“麻雀虽小，五脏俱全”，小企业虽小，但也和大中型企业一样，天天涉及人、财、物。如何管理现有的人、财、物，获得最佳的效益；如何调动每一位雇员的积极性，使之全力以赴为企业工作；如何使自己的产品或服务项目被社会认可，受用户欢迎等，这些都需要创业者具有良好的经营管理能力，需要创业者建立高效的管理体系。

(3) 专业技术能力

专业技术能力，即创业者掌握和运用专业知识进行专业生产的能力。专业技术能力的形成具有很强的实践性。创业者要重视创业过程中的知识积累、专业技术的经验积累和职业技能的训练。一个具有丰富经验和较高水平的经营管理者，如果不熟悉、不了解某一专业或职业的特殊性，就无法施展和发挥其经营管理的能力或综合能力。只有掌握了某一专业技术能力，才能对症下药，因事制宜，采取适当的经营管理方法。从这层意义上讲，专业技术能力是最基本的创业能力。

3. 综合能力

在创业活动中，综合能力是一种最高层次的能力，具有很强的综合性特征，主要包括把握机遇的能力、获取加工处理信息的能力、交往公关的能力、创新能力等。这些特殊能力一旦与经营管理能力相结合，就会从整体上全方位地影响和作用于创业实践活动，使创业实践活动的方式和效率发生显著的变化。

实训任务

你有没有创新潜质?

任务描述：通过创新潜质测试，了解自己的创新潜质。下面每种情况，如果与你相符，请在结果栏里打“√”，记1分；不相符则打“×”，不计分。
请注意：作答时不要考虑太多，第一感觉非常重要哦！

序号	情况	结果
1	你平时说话、写文章总喜欢用比喻的方法。	
2	你在做事、观察事物和听别人说话时能专心致志。	
3	你能全神贯注地做自己喜欢的事情。	
4	你并不认为权威或有成就者的某些观点一定正确。	
5	当你终于解决了一道难题或完成了一项任务时，你总有一种兴奋感。	
6	你喜欢寻找各种事物存在的各种原因。	
7	观察事物时，你向来都很认真，能够注意到细节。	
8	你能够从别人的谈话中发现问题的所在。	
9	在进行有创造性的活动时（如写作文、画画、做手工等），你常常废寝忘食。	
10	你能主动发现一些别人不在意的问题，并发现与问题有关的各种联系。	
11	你平时都是在学习或琢磨问题中度过的。	
12	你的好奇心比较强烈。	
13	如果对某一问题有了新发现，你总是感到异常兴奋。	
14	在通常情况下，你对事物能预测其结果并能通过自己的研究得出结果。	
15	你平常遇到困难和挫折时表现得都很顽强。	
16	你经常思考事物的不同于原来的新答案和新结果。	
17	你有较强的洞察力，能够一针见血地指出关键问题。	
18	你在解题或研究课题时，总喜欢在解题方法上求新、求异。	
19	你遇到问题时能从多个角度、多个方面探索解决，而不是固定在一种思路上或局限在某一方面。	
20	你脑子里总是能够涌现出一些新的想法，即使在游玩时也常能产生新的设想。	
	总分	

注：得分为20分，说明你的创新能力很强；得分为16—19分，说明你具备较强的创新能力；得分为10—15分，说明你的创新能力一般，应加强培训；得分小于10分，说明你的创新能力较差，须加强培训。

延伸思考

1. 想想我国历史上的诸多创新者的故事，哪些事例说明了创新思维与创业意识的重要性？

2. 结合所学知识，想一想自己应该如何增强创新思维与创业意识。

任务 3 创意的发掘与创新的萌芽

一、创意的发掘——突破思维桎梏

（一）联想和想象

联想，简单来说，就是通过某个人、某种事物、某一概念而想起其他相关的人、事物或概念。一般来说，联想的方法（规律）包括：① 相似或相关联想，比如看到鸟就想到飞机；② 对比联想，比如看到白色就想到黑色，看到沙漠就想到绿洲；③ 因果联想，比如看到蚕蛹就想到飞蛾，早晨看到地面潮湿就想到夜间可能下过雨；④ 接近联想，比如看到春联就想到春节，看到教室就想到学生、教师等。

想象，则是在已有形象的基础上，在头脑中加工或创造出新的形象。培养想象力首先要积累丰富的知识和见识，其次要保持和发展自己的好奇心，最后要善于观察和感受世界。

（二）思维发散

对一个事物进行思维发散的时候，可以根据事物的结构、功能、形态（如颜色、形状、声音、味道等）等，像画思维导图一样朝四面八方想，从而找到各种可能性。

举一个“通过思维导图进行思维发散”的例子。假设对“创业”这个概念进行思维发散，就可以这样做：

① 拿一张白纸，在中心写上“创业”，并将这两个字圈起来。

② 围绕“创业”发散出一些二级主题，如“产品”“服务”“筹资”“市场”“雇员”等，然后把这几个二级主题与“创业”这个主题连接起来。

③ 围绕每个二级主题进一步思考，想出一些三级主题，如由“产品”延伸出“裙子”“鞋子”，由“筹资”延伸出“贷款”“存款”，等等。

④ 这样一步步进行思维发散，直到解决问题，或者找到一些解决问题的具体方法和思路。

（三）思维聚合

我们的思维既要放得开，也要收得拢，从而达到解决问题的目的。思维聚合是以目标为核心，对原有的知识从内容和结构上进行有目的的选择、重组、整合。练习思维聚合有两个步骤：一是要搞清楚目标是什么，通过明确目标剔除那些分散我们注意力的东西，然后以目标为核心进行思维聚合；二是要找到问题的症结所在，将研究对象的范围一步步缩小，最终揭示问题的核心。具体的方法有很多，如分析比较、归纳概括、演绎推理等。

（四）运用“加”“减”策略

“加”，就是将本来不在一起的事物组合在一起，产生“1+1>2”的效果，或者赋予事物新的意义，使其更丰富饱满。培养加法思维，需要我们多观察、多思考，经常思考哪几种事物可以组合在一起。比如：在一件东西上添加点什么，把两个事物结合起来，把事物加大、加高、加厚一些，等等。

“减”，就是要经常对看到的事物做减法。在观察事物时，经常问一问：把它减小一些，降低一些，减轻一些行不行，以及会怎么样？

（五）逆向思维

逆向思维是指为实现某一创新或解决某一用常规思路难以解决的问题，而采用反向思维寻求突破或解决办法。练习逆向思维的方法如下：

① 从已知事物的相反方向进行思考，先找准正与反两个对立统一的思维点，然后再寻找突破点。如大与小、高与低、热与冷、长与短、白与黑、歪与正、好与坏、是与非、古与今、粗与细、多与少等都可以构成逆向思维。

② 遇到问题但找不到解决办法时，转换角度进行思考，具体转换角度的方法可以参考思维发散。

③ 利用事物的缺点，将缺点变为可利用的东西，化被动为主动，化不利为有利。我们常说的“将错就错”就是这个意思。

④ 改变问题，就是说如果找不到解决问题的办法，可以试着改变这个问题。

（六）激发灵感

灵感是很多创新的突破口，上面讲的所有方法都有助于激发灵感，除此之外，还有一个激发灵感的“三步法”：

第一步：打断。当你苦苦钻研问题，却迟迟找不到解决方法时，你可以主动打断自己，让自己停下来去做其他事情。打断会让我们忘掉对问题的预先假设，从而开拓思路，找到新的解决方案。

第二步：激活。通过“放松、轻度用脑、高度用脑”（放松，如听音乐、散步、慢跑等；轻度用脑，如读书、玩小游戏、浏览新闻等；高度用脑，如琢磨难题、切换做题等）三种休息方式转换思路，激发灵感。

第三步：有意识地进行反思。对脑海里浮现出的一些观点、想法进行评估和思考，仔细考虑如何使用它们。

二、创新的萌芽——掌握科学的创新方法

我们为了完成创新活动就必须学习科学的创新方法——稽核问题表法。

当思考某一问题时，为了不漏掉要点、便于逐项检查核对而做成的表，就是稽核问题表。例如，外出旅行时，事先准备一张携带物品明细表，临出发时进行一番检查核对。稽核问题表法是一种典型的有序型思维技巧，即根据需要解决的问题或研究对象列出有关问题，然后逐个检核，以探求解决问题的新观念，实现创造性解决问题的目的。稽核问题表法有许多种，比较有名的是奥斯本的稽核问题表法、5W1H 法及和田十二法。

（一）奥斯本的稽核问题表法

奥斯本为美国创造学的创始人，他指出为了激发人们的思维活力，提高其创造性思维能力，可预先设计一个稽核问题表，将一系列具有共性和普遍性的问题罗列为有序的某种模式或模型，然后按照这种有序的稽核表进行思考，可望获得高效率或富有创造性的思维成果。

奥斯本列出 75 个问题，将其分成 9 组，以便人们有序地进行思维。具体如下：

① 有无新用途？是否有新的使用方式？可否改变现有使用方式？如我国古代四大发明从原始的单一用途到现在在各个领域的广泛使用。

② 有无类似的东西？利用类比能否产生新观念？过去有无类似问题？可否模仿？能否超过？如飞机、飞船的发明就是受到鸟类翅膀的启发。

③ 可否增加些什么？可否附加些什么？（时间、尺寸、强度、性能、成分、扩大、放大）如从收音机到录音机，再到收录机。

④ 能否缩小、减轻、分割、去除、浓缩、省略等？如从挂钟到座钟，到怀表，到手表，再到戒指表。

⑤ 能否改动款式、类型、功能、顺序、布局、颜色、声响、气味、外形等？如灯泡从原来的单一样式到现在具有不同形状、不同颜色。

⑥ 能否扩大用途，延长寿命，增加强度、价值、附加部件，节省材料，等等？

⑦ 能否代用、代替其他的材料、工艺、技术、方案、规则等？如用电池、马达

代替发条使玩具汽车的使用时间延长。

⑧ 能否颠倒和改变正负、上下、左右、方向等？如早期的飞机将螺旋桨安装在头部，现代飞机将喷气发动机安装在尾部，而直升机则把螺旋桨安装在顶部。

⑨ 能否重新组合、混合、统一、配套等？如为老年人远视和阅读需要而设计的双焦距镜片，就是把两种不同眼镜组合为一体。

在实际工作、生活和学习中，我们可以依照上述稽核问题表列出的有序问题类型，进行卓有成效的思维活动，并获得创造性成果。

（二）5W1H 法

5W1H 法由美国陆军首创，通过连续提出六个问题，构成设想方案的制约条件，设法满足这些条件，便可获得创新方案。目前，5W1H 法已广泛应用于改进工作、改善管理、技术开发、价值分析等方面。实施程序如下：

① 对某种现行的方法或现有的产品，从六个角度做检查提问：为什么（Why），是什么（What），谁（Who），何时（When），何处（Where），怎样（How）。

② 将发现的疑点、难点列出。

③ 讨论分析，寻找改进措施。若现行的方法或现有的产品经此检查基本满意，则认为该方法或产品可取；若其中某些点的答复有问题，就在这些方面加以改进；若某方面有独到的优点，则应借此扩大产品的效用。

④ 5W1H 法视问题的性质不同，设问检查的内容也不同。例如：

为什么（Why）：为什么发光？为什么要做成这个形状？为什么不用机械代替人力？为什么产品制造的环节这么多？为什么要这么做？

是什么（What）：条件是什么？目的是什么？重点是什么？功能是什么？规范是什么？要素是什么？

谁（Who）：谁来做合适？谁能做？谁不宜加入？谁是顾客？谁来支持？谁来决策？忽略了谁？

何时（When）：何时完成？何时安装？何时销售？何时产量最高？何时最切时宜？需要几天？

何处（Where）：何处最适宜种植？在何处做才最经济？从何处买？卖到何处？安装在何处最恰当？何处有资源？

怎样（How）：怎样最省力？怎样最快？怎样效率最高？怎样改进？怎样避免失败？怎样求发展？怎样扩大销路？怎样改善外观？怎样方便使用？

对于最后一问“怎样（How）”，有时可将其扩展为两个问题，即“怎样（How to）”与“多少（How much）”，此即 5W2H 法。例如：

多少（How much）：成本多少？功能如何？效果如何？利弊如何？安全性如何？销售额多少？

（三）和田十二法

和田十二法，又叫和田创新法则，是我国学者许立言、张福奎在奥斯本的稽核问题表法的基础上，借用其基本原理，加以创造而提出的一种思维技法。它既是对奥斯本的稽核问题表法的一种继承，又是一种大胆的创新。比如，其中的“定一定”等，就是一种新发展。同时，这些技法更通俗易懂，简便易行，便于推广。具体方法如下：

① 加一加：通过把物品加大一点、加长一点、加重一点、功能加多一点等，使物品在形态上、功能上、尺寸上有所变化，更利于使用。如把普通伞加大一点变为沙滩伞、街上设摊用的晴雨伞；把橡皮和铅笔加一加变为橡皮头铅笔。

② 减一减：把物品减小一点、减轻一点，使其形态、价值、功能、成本等明显优化。如从电子管到晶体管再到集成电路，使电子设备的体积、材耗、能耗明显减少，性能更稳定可靠，使用更方便；近视眼镜减小为隐形眼镜，对近视患者更为方便；为减少重量，以塑代钢；音乐带中减去歌声只剩下伴奏成为卡拉 OK 带；减少游戏者的参与功能；等等。

③ 扩一扩：把物品放宽一点、扩大一点，使它的功能产生明显的变化。如放大镜、显微镜、大屏幕电视、投影电视、围棋和象棋比赛用的演示挂盘等。

④ 缩一缩：把物品体积缩小一些，成为小型、微型产品，给使用者带来方便。如现有锅炉内部分布有许多水管，水管用以增加水的吸热面从而提高热效率，有人根据这个原理设计制造了“火管式水壶”，在水壶内装一螺旋管，一段焊在壶底开口，一段焊在壶顶部，即形成一种缩小了的火管式锅炉。

⑤ 改一改：改进物品的形状、性能、结构，使其产生新的形态、功能、特性，使产品更简单、轻便、省力、多功能、高效率、有特色。如雨伞由普通伞改为折伞、自动伞，白炽灯改用彩色玻璃、乳白玻璃，电话机由拨盘改按键、脉冲改音频、有线改无线，等等。

⑥ 变一变：通过改变物品的形状、尺寸、颜色、音响等，使人产生新的感觉。如服装的面料、颜色、图案、款式的变化，铅笔杆由圆形变为六角形、三角形、扁形，等等。

⑦ 并一并：把一个物品与另一个物品并起来，它的特点是把多种规律和多种功能合并。瑞士有名的多功能军用小刀就是把刀、剪、钳、钗、开瓶器等合并起来。

⑧ 学一学：通过学习、模仿别的产品、物体的形状、结构、色彩、性能、规格、

功能、动作等来实现新的创作。例如，美国科学家研究、模仿蜘蛛的动作制造了八条腿的自行机器人，它在火山口复杂的地形环境中能行走自如。中药剂量大、服用不方便，有人就学习西医，把中药的有效成分高度浓缩制成类似西药的片剂、丸剂。

⑨ 代一代：材料、方法、工具、商品……能否用其他代替？如以塑代钢、以纸代木、以半导体代电子管等。

⑩ 搬一搬：把某物品或其中某一部件的制作工艺、原理、方法“搬动一下”，产生一种新物品。模仿或局部性模仿也是“搬一搬”的应用实例。如将电视机拉杆天线搬到圆珠笔上，制成“教鞭圆珠笔”。

⑪ 反一反：把某物品的形态、性质、功能、结构反一反，或者把上与下、里与外、前与后、横与竖、方与圆、左与右、导电与绝缘、热与冷等矛盾的两个方面倒一倒，产生新的产品、新的功能、新的用途。如电转化为磁可做成电动机，而反过来，磁转化为电则可制成发电机。

⑫ 定一定：在解决某一问题、改进某一物品时，先有一个约定的标准，能使工作效率更高，工作更方便、更准确，这就是“定一定”。例如，以前温度只能通过人的感觉测定，既不方便，又难以有一个准确的标准，瑞典物理学家安德斯·摄尔修斯想出了在水的冰点与沸点间划 100 等份，把每一等份定为 1 度的方法统一了温度的测量。

创新创业实例

顾客购买奶昔的秘密

一家快餐连锁公司决定提高奶昔的销量。为此，它的市场营销员制订了详细的市场调研计划。

第一天，市场营销员花了一整天待在餐厅里，试图理解消费者购买奶昔这一行为想要满足的需求。市场营销员记录了每份奶昔被售出时消费者同时购买了哪些产品，他们是独自一人还是结伴而行的，是现场享用还是打包带走的。他惊讶地发现：超过40%的奶昔是在早晨售出的；这些早晨来的顾客往往是独自前来的；他们没有买别的东西，而且是离开餐厅回到车上享用的。

第二天，市场营销员采访了那些早晨来餐厅购买奶昔的顾客。他用对方能理解的措辞这样问道：“打扰一下，请问您来这儿购买奶昔是希望满足什么需求呢？”顾客难以回答时，他试着引导他们：“想象一下，您在同样情形下需要达成目标时，如果没有来这儿买奶昔，您会去买些什么？”结果表明，大多数顾客购买奶昔只是为了一个简单的目的：他们需要开一段漫长而枯燥的时间的车去上班。一只手放在方向盘上但另一只手无所事事时，总需要干些什么来打发开车时的空闲时间。他们当时还不饿，但是明白到上午10点时就会饿，因此需要在早晨吃些东西。他们当时面临的状况是时间紧张，穿着工作服，同时右手几乎是空闲的。

此外，市场营销员观察到，在一天的其他时间里，父母们在点餐时常会给孩子们买奶昔，这样做是出于什么需求呢？因为他们一整周都在对孩子说“不”，这让他们觉得自己是小气的父母，给孩子买奶昔既让他们感觉自己尽了父母之责，又抚慰了孩子。

在理解了消费者的需求后，哪种产品特性能更好地满足需求，哪种改进毫无用处就变得一目了然。如何更好地处理路途困乏的烦恼？把吸管做得更细，让顾客喝得更久。拌入小块的水果、坚果或糖果，它们若被车主偶然吸入嘴里，则会给早晨单调的路途增添一点新奇和期待。同样，可以在柜台前摆放一台自动售卖机，向消费者出售预付充值磁卡，这样他们只要刷卡即可，便不会被堵在“车上购物”通道里。当然，要解决孩子们的需求问题，需要开发完全不同的产品。

想一想：

1. 你是否也在生活中的细小事物中发现过创新的点子？
2. 你觉得案例中的创新创业活动使用了哪些创新方法？

学习链接

微课：创新技法的训练

知识卡片

头脑风暴法

1. 头脑风暴法概述

头脑风暴法又称智力激励法，是指利用特定的会议形式，使与会者产生联想和创造性想象，激发灵感，以获得大量的创新性设想的创新方法。这种方法一方面能够给与会者较多的信息刺激，促进与会者围绕着要解决的问题把已有知识和所得信息重新安排，形成多种新的组合，从而产生大量的新设想；另一方面能够形成一种鼓励与会者大胆思考和提出新设想的氛围，提高与会者的创新积极性。这种方法一般来说只适用于解决比较简单的问题。

头脑风暴作为一种比较重要的思维方式，依赖于以下四大要素：

(1) 环境因素

针对一个问题，往往在没有约束的条件下，大家会十分愿意说出自己真实的想法，并且热情地参与讨论。这种讨论通常是在十分轻松的环境下进行的，这样就会更大限度地发挥思维的创造性，收到很好的效果。

(2) 链条反应

所谓链条反应，是指在会议进行的过程中，往往通过一个人的观点可以衍生出与之相关的多种甚至更加出奇的想法。这是因为人们在遇到任何事物的时候，都会产生条件反射，联系自身的情况进行联想式的思维发散。

(3) 竞争情节

有时候会出现大家争先恐后发言的情况。这是因为在特定的环境下，大家的思维都十分活跃，再加上受好胜心的影响，每个人心理活动的频率都十分高，而且内容也相当丰富。

(4) 质疑心理

这是另外一个群众性的心理因素，简单地说就是赞同还是不赞同。某一个观点被提出后，其他人在心理上有的是赞同的，有的则是非常不赞同的。这表现在情绪上无非是眼神和动作，而表现在行动上就是提出与之不同的想法。

2. 头脑风暴法的运用要点

(1) 会议准备

确定会议主持人。合适的会议主持人应具备以下基本条件：熟悉头脑风暴法的基本原理及召开头脑风暴会议的程序与方法，有一定的组织能力；对会议所要解决的问题有比较明确的理解，以便在会议中做启示诱导；能坚持头脑风暴会议规定的原则，以充分发挥激励的作用机制；能灵活地处理会议中出现的各种情况，以保证会议按预定程序进行到底。

提前几天将会议通知发送给与会者，这有利于其在思想上有所准备并提前酝酿解决问题的设想。

(2) 进行热身活动

进行热身活动的目的是使与会者尽快进入“角色”，忘记个人的工作和私事，迅速集中精力到会议上来。同时，使与会者积极思考，形成一种有利于激发创造性思考的气氛。热身活动所需时间和内容可根据问题确定，如看一段有关创造的录像，讲一个灵活运用创造方法的小故事，或者出几道脑筋急转弯的题目请大家回答。

(3) 加工整理

会议结束后，主持人要组织专人对设想记录进行分类整理，去粗取精。如果已经获得解决问题的满意答案，该次头脑风暴会议就达到了预期目的。倘若还有悬而未决的问题，则还可以召开下一轮的头脑风暴会议。

3. 头脑风暴法的原则

(1) 庭外判决原则（延迟评判原则）

对各种意见、方案的评判必须放到最后阶段，此前不能对别人的意见提出批评和进行评价。认真对待任何一种设想，而不管其是否适当和可行。

(2) 自由畅想原则

欢迎各抒己见，创造自由、活跃的气氛，激发与会者提出各种荒诞的想法，使与会者思想放松，这是进行头脑风暴的关键。

(3) 以量求质原则

意见越多，产生好意见的可能性就越大，这是获得高质量创造性设想的基本条件。

(4) 综合改善原则

探索取长补短和改进办法。除了提出自己的意见外，鼓励与会者对他人已经提出的设想进行补充、改进和综合，强调相互启发、相互补充和相互完善，这是头脑风暴成功的标准。

(5) 突出求异创新

突出求异创新是进行头脑风暴的宗旨。

实训任务

小王的创业故事

任务描述：2022 年毕业的小王很想创业，一次经朋友介绍得到了一个火车站候车室二楼的商铺经营权，经过多方面调查研究决定开一个便利店。本以为应该生意兴隆，结果经营两个月后生意惨淡，即将关店。 请大家利用学习的 5W1H 法进行分析：第一，小王失败的原因可能是什么？第二，请你为他提出改进的方案。
使用 5W1H 法分析具体情况：

你猜想可能出现的问题：
1.
2.
3.
4.
5.
6.
7.
8.
请试着提出几个可行的方案：

方案一	
方案二	
方案三	
方案四	
方案五	

延伸思考

1. 公共汽车的固定座椅无法调整前后座椅距离，对于肥胖的乘客十分不便。请结合和田十二法，提出解决方法。

2. 请运用头脑风暴法对生活中的五个常见物品进行至少十种新功能探索。

模块二 培养创业者与创业精神

知识目标

★ 了解与知道

1. 创业者的内涵及特质；
2. 创业精神的内涵。

★ 理解与熟悉

1. 创业精神的特征；
2. 创精神的五大要素。

★ 掌握与应用

形成正确认识创业的态度，理性分析创业这项活动。

任务1 创业者

一、创业者的内涵

说到创业者，想必大家会想到很多优秀的企业家。但是除了这些成功的企业家外，社会上还有很多正在创业路上的人们，我们往往把他们也称为创业者。那么，什么样的人能成为创业者呢？他们与常人有什么不同吗？如果有区别，他们又会在哪些方面表现得不太一样呢？

简单地说，创业者就是开创事业的人。在我国以改革创新为核心的时代精神下，创业者的重点在于创新，创新意识是当今社会大力提倡的，青年强则国强，青年强离不开创新精神强。所以，创业者在思想观念上要突破陈规，大胆探索，敢于创造；在责任感与使命感上要不甘落后，奋勇争先，追求进步；在精神状态上要坚韧不拔，自强不息，锐意进取。在大数据时代，互联网与传统产业相结合，极大地增强了社会发展动力，给青年创业者提供了强大的网络平台。在这一时代背景下，创业青年的主观能动性可以得到最大的发挥。创业者应在学习专业知识、提高创新能力的同时，树立正确的世界观、人生观、价值观，以爱国主义为核心，以民族精神为自豪，有才又有德，成为社会真正需要的人，最后服务于人民、贡献于社会。这才是我们真正需要的创业者。

二、创业与人生发展

（一）创业是人性与市场的结合点

追求自身利益，是人的一切行为的出发点和归宿，是人的思维和形体活动的最终目的。利益被经典地概括为“需要的实现”，即得到并满足自己的需要。人需要什么？根据马斯洛的需求层次理论，需要对于不同的人表现为不同的层次，有最基本的生存需要，也有最高层次的自身价值实现的需要。追求自身需要的满足就是人的本性。从出生一直到死亡，人们从没有放弃过改良自身的状况。对于自身地位，几乎没有一个人会有一刻觉得完全满意，不求进步，不求改良。但怎样改良呢？最显而易见的、最具常识性的办法是增加财产。改革开放后，中国经济社会取得了长足的发展，市场经济的发展把每个人追求自身利益的要求引向市场，转化为创业行为。创业将人性和市场相结合，将人性的释放与市场的发展共同推进到了一定的高度。创业促进了经济的发展，促进了市场的繁荣，丰富了人们的生活，提高了人们的生活质量，促进了社会的稳定和谐。创业活动有利于培养全社会的创新创业精神和形成鼓励创业、容忍失败的社会氛围。

（二）创业是促进个人职业发展的有效方式

创业是一个人对个人价值的追求，在这种追求中，创业者需要不安于现状，勇于承担风险，在资源不足的境况下通过资源整合把握机会，最终去创造价值。在这个过程中，创业者需要承受痛苦，付出努力，这既锤炼创业者的意志品质，也增强创业者的捕捉机会的能力、整合资源的能力、执行能力、沟通能力、快速适应能力等。创业过程中锻炼出来的很多能力，是可迁移能力，在个人职业发展过程中也会发挥积极的作用。

（三）创业是实现个人价值的有效方式

个人价值是指人的生命及其实践活动对于社会和个人所具有的作用与意义。创业过程是人与社会诸多因素博弈的过程，能够更好地将个人的价值追求融入社会，进而促进社会实践活动的进步。

创新创业实例

另类的创业成功者

追求异性？是的，这就是马克·扎克伯格创立 Facebook（脸书）初期的动机。“最辣”照片排行榜——一个大学男生都会感兴趣的话题，在扎克伯格那里得到创新，将网络社交方式彻底颠覆。

Facebook 是美国的一个社交网络服务网站，也是世界排名领先的照片分享站点，于 2004 年 2 月 4 日上线。截至 2013 年 11 月，用户每天上传约 3.5 亿张照片，到 2014 年 7 月，每月活跃用户总数已经超过 22 亿人。Facebook 的创办人扎克伯格是哈佛大学的学生。最初，网站的注册仅限于哈佛大学的学生，之后的两个月内，可注册范围扩展到波士顿地区的其他高校，最终扩展到全球。

从电脑神童到“校园黑客”，从一个穷学生到百亿身价老板，正是扎克伯格的另类和他对 IT 的痴迷，让我们触摸到了自媒体时代的脉动，让这种全新的应用模式成为新一代时尚、流行的生活方式。成功后，他又对人生有了进一步的规划。2015 年，扎克伯格在给他刚出生的女儿麦克斯的信中，宣布将把自己 450 亿美元的财富捐出 99%给慈善事业，把企业运营与社会责任结合起来。同年他给自己定下“新年挑战”——每两周读完一本书，主要关注文化、信仰、历史和科技领域。从记录日期来看，扎克伯格在读书这件事上非常严苛自律，基本保证能在 15 天左右读完一本书。他总是说创办 Facebook 不是为了打造一家公司，而是为了实现连接世界的梦想。

扎克伯格从身边的需求出发，选择了大家认为也许并不起眼却能实际解决人们需求的项目，勇敢地尝试，从小做大，最终成就了伟大的事业。作为一个年轻的创业者，他敢于创新、精于选择，既是一个创新的创业者，也是一个创业的创新者，更重要的是，他对自己的职业生涯进行了长远的规划，把个人成长与社会责任结合了起来。《史蒂夫·乔布斯传》作者沃尔特·艾萨克森在接受采访时曾说，乔布斯生前曾表示，硅谷里他最欣赏的人就是扎克伯格，因为扎克伯格不但创造了好的产品，还创造了能够持续创造好的产品的企业。

（资料来源：李变，花姬康. 创新创业基础［M］. 北京：北京师范大学出版社，2020：41-42. 有改动）

想一想：

1. 作为一个成功的创业者，扎克伯格具备哪些特质？

2. 扎克伯格是如何做出创业选择的？

知识卡片

创业者必须具备的15种基本素养

1. 敢于承担责任和风险

创业者往往要敢于承担责任。创业决策、团队建设等进行的过程中常常会产生一些问题，创业者愿意积极解决问题，愿意承担责任，敢于承担责任，就能够发挥影响力，展现领导者的魅力。你或许听说过这么一句话："风险越多，报酬就越多。"如果你选择了创业，你就应该知道以后会承担许多风险，甚至是许多巨大的风险。

2. 全才与高效

创业者要善于学习。工作需要专才，创业需要全才，因为创业者在创业过程中会接触到很多非自己专业的事情，所以创业者只有不断地学习，才能统筹大局。每天进步一点点，就能使创业者成为某个领域的杰出人才。

你有没有发现有些员工虽然盘踞在办公室很久，但是一点工作效率都没有呢？真正的创业者是无法容忍低效率的工作方式的。如果创业组织不能高效率地工作，那么创业何时才能成功呢？如果你是个真正的创业者，那么你首先就要高效率地完成工作，然后及时发现创业过程中出现的问题并想出解决方案。

3. 热情

创业者往往都非常热爱他们的工作，这也是创业成功的关键因素。所以，与其整天花大把的时间去做白日梦，不如想一些实际的问题，如你热爱什么、想做什么。如果你不热爱你现在所做的事，那么你就不会全力以赴地完成你的工作。

4. 勇于尝试与创新

创业者要敢于尝试新事物。成功的创业者中有很大一部分进入了新兴领域，或者采用了新的方法，而正是敢于进入新兴领域使得很多创业企业占据了先发优势。创新对于创业能否成功是至关重要的，创业者必须花时间让自己的头脑清醒一下，并多与他人交流，说不定新想法就突然冒出来了。如今越来越多的初创公司在办公室里放一块白板和一支画笔，主要是为了鼓励员工产生新点子，然后集思广益。

5. 有目标与能坚持

创业者要有坚定的志向，要有清晰的目标。创业要有清晰的目标作为指导才有可能成功。创业者必须拥有坚定的志向，如果今天想从事这个行业，明天想换一个行业，那么最终会在反复摇摆中失去方向、一事无成。

创业虽然很苦，但坚持下来就有可能成功。刘强东曾讲述了自己的创业史，并寄语年轻人：创业当中不论遇到多大困难，都一定要坚持下去。创业者要坚信自己的方向是正确的，坚信自己做的事情是有价值的，坚信自己的公司是社会需要的，坚持得越久，就越能取得更大的成功。

6. 有强烈的欲望

欲望实际上体现的是一种生活目标，一种人生理想。创业者的欲望与普通人的欲望的不同之处在于，他们的欲望往往需要打破他们现在的立足点、打破眼前的樊笼，才能够被满足。所以，创业者的欲望往往伴随着行动力和牺牲精神。因为想得到，而凭自己现在的身份、地位、财富得不到，所以要去创业，要靠创业改变身份、提高地位、积累财富，这构成了许多创业者的人生“三部曲”。因为欲望，而不甘心，而创业，而行动，而成功，这是大多数白手起家的创业者走过的共同道路。

7. 有超乎想象的忍耐力

在创业过程中，付出了怎样的代价，付出了怎样的努力，忍受了多少别人不能够忍受的憋闷、痛苦甚至屈辱，只有创过业的人最清楚！对于一般人来说，忍耐是一种美德；对于创业者来说，忍耐却是必须具备的品格。俗语说：“吃得菜根，百事可做。”对于创业者来说，肉体上的折磨算不得什么，精神上的折磨才是致命的，要有一种宠辱不惊的“定力”与“精神力”。

8. 有开阔的眼界

对于创业者来说，只有真正见多识广，才能有效地拉近自己与成功的距离，使创业活动少走弯路。

开阔的眼界意味着创业者在创业伊始可以有一个比别人更好的起步，有时候它甚至可以改变创业者和创业企业的命运。眼界的作用会一直贯穿创业者的整个创业历程，眼界有多宽，事业也就会有多大。

9. 善于把握趋势，通人情事理

势就是趋向。势分大势、中势、小势。创业者一定要看准形势，要研究政策。这是大势。很多创业者认为政策研究“假、大、虚、空”，没有意义。实则不然。对于一个创业者来说，大到国家领导人的更迭，小到一个乡镇芝麻官的去留，都会对自己有影响。在政策方面，国家鼓励发展什么，限制发展什么，与创业成败更有莫大关系。选对了方向，顺着国家鼓励的方向努力，可能事半功倍；反之就会失败。中势指的是市场机会。市场上现在时兴什么，流行什么，人们现在喜欢什么，不喜欢什么，可能就表明了创业的方向。小势就是个人的能力、性格、特长。创业者在选择创业项目时，一定要找那些适合自己能力、契合自己兴趣、可以发挥自己特长的项目，这样才有利于做持久性的全身心投入。

创业者要懂得人情事理。俗语说："世事洞明皆学问，人情练达即文章。"创业是在夹缝里求生存的活动，尤其在社会转轨时期，各项制度都不健全，创业者只有先顺应人情事理，才能避免在人事关节上出问题。比如，很多外资企业现在都认识到了人才本地化的重要性。人才为什么要本地化？因为本地的人才更熟悉本地的情况，能够按照"本地的规矩"做事。创业者不但要明政事、商事，还要明世事、人事。

10. 有敏锐的商业嗅觉

创业者的敏感，是对外界变化的敏感，尤其是对商业机会的快速反应。有些人的商业感觉是天生的，更多人的商业感觉是依靠后天培养的。良好的商业感觉是创业成功的最好保证。

11. 善于组建团队与拓展人脉

创业者要善于组建团队。组建团队，首先需要善于发现别人的长处，认识到别人的才能，发挥别人的才能。有才能的人往往也会有缺点，创业者需要有一颗包容的心。创业不是引"无源之水"，栽"无本之木"。每一个人进行创业，都必然要有其凭依的条件，也就是拥有一定的资源。一个创业者的素质如何，看看其拓展资源的能力就可知晓。创业者的资源可分为外部资源和内部资源。内部资源主要是创业者的个人能力，包括其占有的生产资料及知识技能、家族资源等。拥有良好的内部资源，对于创业者来说无疑是非常重要的，但外部资源同样不可或缺，其中最重要的是人脉资源。如果创业者不能在最短时间内建立起最广泛的人际网络，那么他的创业一定会非常艰难。创业者的人脉资源，按其重要性，可分为三种：① 同学资源。在许多成功创业者的身后都可以看到其同学的身影，有少年时代的同学，有大学时代的同学，更有各种成人班，如进修班、研修班上的同学。② 职业资源。对于创业者来说，效用最明显的首推职业资源。所谓职业资源，即创业者在创业之前，为他人工作时所拓展的各种资源，主要包括项目资源和人际资源。充分利用职业资源，从职业资源入手创业，符合创业活动"不熟不做"的原则。③ 朋友资源。朋友应该是一个总称。同学是朋友，战友也是朋友。老乡是朋友，同事一样是朋友。朋友犹如资本，对于创业者来说是多多益善。"在家靠父母，出门靠朋友"。"多一个朋友，多一条路"。创业者如果不会交朋友，没有几个朋友，其创业肯定只有死路一条。

12. 有谋略

创业者的智谋将在很大程度上决定其创业成败。尤其是在目前产品日益同质化、市场有限、竞争激烈的情况下，创业者要能守正，更要有能力出奇。谋略贯穿创业者的每一个创业行动。谋略其实就是一种思维方式，一种处理事情和解决问题的方法。

13. 不惧失败

创业者要不惧失败。即使失败了 99 次，也要尝试第 100 次，这是创业者的所有品质中最重要的一点。失败并不可怕，可怕的是丧失斗志，不敢从头再来。要有胆量，敢下注，想赢也敢输。很多创业者在创业的道路上都有“惊险跳”的经历。这一跳成功了，功成名就，“白日飞升”；要是跳不成，就只好“凤凰涅槃”了。

14. 有与他人分享的愿望

创业者一定要懂得与他人分享。一个不懂得与他人分享的创业者，不可能将事业做大。做老板时舍得与员工分享，员工的生存需要、安全需要、尊重需要才能得到满足。员工出于感激，同时也因为害怕失去眼前所获得的一切就会产生自我实现的需要，通过自我实现，为老板做更多的事，为企业做更大的贡献。这样就构成了一个企业发展的正向循环、良性循环。这应该是马斯洛需求层次理论在企业层面的恰当解释。分享不仅仅限于企业或团队内部，对于创业者来说，对外部的分享有时候同样重要。在南存辉的发家史上，他曾经进行过 4 次大规模的股权分流，从最初持股 100%，到后来只持有正泰股权的 28%，南存辉每一次将自己的股权稀释，让自己的股权流到别人的口袋里时，都伴随着企业的高速成长。但是南存辉觉得自己并没有吃亏，因为蛋糕做大了，虽然自己的相对收益少了，但是绝对收益大大地提高了。

15. 具有自我反省的能力

反省其实是一种学习能力。成功的创业者有一个共通之处，就是非常善于学习，非常勇于进行自我反省。既然创业是一个不断摸索的过程，创业者就难免在此过程中不断犯错。反省，正是认识错误、改正错误的前提。对于创业者来说，反省的过程就是学习的过程。有没有反省能力、具不具备反省精神，决定了创业者能不能认识到自己所犯的错误，能不能改正自己所犯的错误，能不能不断地学到新东西。

实训任务

模仿

任务描述：

悦读分析——20 世纪 70 年代，美国连锁业快速发展，沃尔玛、麦当劳、肯德基等均开了很多连锁店。丹尼斯·拉特纳观察到这种现象，就想能不能把连锁经营的理念用于理发业。丹尼斯是做理发的，所以就有了开连锁理发店的想法。有了这个想法后，丹尼斯就分析传统的理发店有什么不足的地方。首先，传统理发店辐射范围小，只能为周边的顾客提供服务。其次，理发服务个性化程度非常高，是完全根据顾客需求定制的。顾客到店后，先要跟理发师讨论自己适合什么样的发型，或者顾客有想法，理发师提供参考意见。再次，人工成本高，熟练的理发师对薪水有着较高的要求。最后，运营成本高，理发店管理人员往往并不从事具体的工作，但是也会产生一定的成本。因此，丹尼斯就想用连锁经营的思路，创立连锁理发店。理发店取名为 Hair Cuttery。而服务业面临的问题和制造业不同，主要有如何选址、如何提供服务等。

第一，在选址上，Hair Cuttery 的策略是“傍大牌”，开在城镇购物中心里。为什么要这样设计？理发店的顾客流量非常重要，因此 Hair Cuttery 开在顾客流量大的购物中心里。美国的若干个城市之间，在公路交会点附近通常会有一个购物中心，里面有很多店铺，如沃尔玛、塔吉特、麦当劳、肯德基等。在购物中心里，Hair Cuttery 店址选在面包店旁边。美国家家户户都要买面包，面包店是顾客必须要去的地方。依靠购物中心、临近面包店，这让 Hair Cuttery 不用花钱就获得了源源不断的顾客流量，极大提高了顾客光顾理发店的概率。

第二，提供标准化服务。世界上的发型有千千万万种，如果任由顾客选择，必然对理发师要求非常高，理发师的工资就会比较高。因此，Hair Cuttery 就减少发型的类型，只提供二十多种标准发型，供顾客选择（女士、男士各十几种）。这样理发师比较容易掌握这些发型的设计方法，对理发师的要求就没那么高了。为了进一步降低理发的难度，Hair Cuttery 特制了能够套在理发推子上的模具，用来控制头发长度。模具一共有七个档，一档是最短的，七档是最长的，可以根据顾客的需要灵活调整，效率很高，对理发师的要求也不高。

第三，开设培训学校。如果要开连锁理发店，就需要很多的理发师，若从外部招聘，一是成本很高，二是他们不一定擅长这二十多种发型。因此，Hair Cuttery 就专门开了个培训学校，培训理发师。所有理发师在上岗之前，都必须到培训学校接受培训，合格之后才能上岗，这样能保证理发师的技术和服务质量。另外，培训是收费的，本身也是一个赚钱的项目。

第四，采用标准化管理。不设专职店长，每个门店只有理发师，指定其中一人兼任店长，这样每月只需增加一些补贴，比专职店长的费用要低得多。理发店里面的打扫、清洁这些事情，都让理发师来兼做。因此，在理发店里，人人创造价值，没有一个闲人。Hair Cuttery 还应用了信息系统，用计算机进行联网收费，管理透明。通过计算机联网，总部的相关部门从后台就能看到每个连锁店的经营状况、每个理发师的表现。经过分析之后，Hair Cuttery 可以对理发师提出具有针对性的改进建议，而且进行奖惩、考核等都非常方便。

第五，建立标准薪酬与奖励体系。对每个理发师设定基本工作量，低于基本工作量的，收入分成比较低，就是五五分成。如果超出基本工作量，增加理发师的分成比例至 7∶3，公司只拿 30%。对于出售护理液等高附加值产品，给予更高的奖励。在 Hair Cuttery，每个人都很清楚自己的收入，为自己工作，多一分努力多一分回报，这样人员管理就非常简单了。在很多企业，部门经理要指挥员工做事，上级要推动下级做事，往往很困难。但是在 Hair Cuttery，不需要任何人指挥，大家知道自己应该怎么做，因为工作努力程度跟回报是密切相关的。Hair Cuttery 在美国开了 900 多家连锁店，取得了非常好的经营效果。

如果你也想做服务创业，请参照 Hair Cuttery 的经验，初步写出你的项目创业思路。

延伸思考

1. 如何才能提高自己的创业能力？
2. 你觉得你具有哪些适合创业的能力？

二、创业者特质的内涵

创业者通常是创新力的制造者，他们会把种种假设付诸行动，然后处理一些未知的有探索性的事情，解决现在正在困扰人们的一些问题。所以，创业者通常是非常努力的，并且会把一些生活中很细小的、很平凡的事情，变成出类拔萃的机会。

对于创业者特质的内涵，早期学者们多从创业者的心理特征和性格特征角度进行认知，认为创业者的心理特征和性格特征是基于生理基础形成的稳定持久的特质。如有学者指出特质作为心理组织的基本单位构成了人格的基础，而创业者特质是创业者个人以其生理为基础而形成的一组稳定性格特征。另外一些学者认为，创业者特质是指个体在适应环境过程中所形成的独特行为和处事方式，是个人所具有的各项比较重要的和相对待久的心理特征的总和。本书认为对于创业者特质的界定，应以奥尔波特的人格特质理论为依据，把人格作为特质的基础，将创业者特质概括为构成创业者个体独特性的一组中心特质。

创新创业实例

扎根基层，以创业带动就业

——记云南经贸外事职业学院张鸿涛

张鸿涛，2015 年考入云南经贸外事职业学院，就读于道路桥梁与工程测量班，那时的他意气风发，有点小骄傲。因为 2014 年，本着对教育事业的热爱，他成立了自己的辅导班，已经小赚一笔了。每个寒假、暑假都是他忙得不可开交的时候。但是

2016 年，在辅导班的运营上，他的盲目扩招导致了创业失败。从此，他无心再做事业。

2016 年，云南经贸外事职业学院创新创业教育中心（简称“双创中心”）正式成立。一次偶然的机会，双创中心的创业导师了解到张鸿涛的经历，于是找到了他，了解了他创业的初衷，结合他的亲身经历分析了他为什么会失败。

创业导师首先问他：“为什么你会选择做传统的教育行业，你在做传统教育行业方面有什么样的优势呢？”其次问他：“你的合伙人的教育理念和你一样吗？”最后问他：“你想成为什么样的人？”

据张鸿涛说，这三个问题一下子把他问住了。之后很长的一段时间，他决定沉淀自己，决定好好上学。

自己就曾是创业者，因此他对“大学生职业规划与创新创业导航”课程相当感兴趣，开始学着对自己进行职业规划。

此后，他利用自己之前创业办学时留下的 15 套桌椅、一个资料柜、一个办公桌、一套煮饭的用具（电磁炉一个，电饭煲一个，碗筷 15 套），不超过 100 元开始了他的第二次创业。一开始，他甚至借 300 元用于发宣传单、做宣传牌。在第 9 天的时候，他迎来了第一个学生，半个月后每天都有好几个学生来报名。那段时间，学校的创业导师和他的父母一直在默默支持着他，并且在学校老师的帮助下，他找到了第一个合伙人。

现在，张鸿涛已经在很多地方办了自己的分校，取得了第二次创业的成功。

想一想：

1. 张鸿涛拥有创业者的哪些特质？
2. 总结张鸿涛的创业，有哪些成功的经验值得借鉴？

学习链接

微课：培养创业者与创业精神

知识卡片

大学生创业者需要具有的特质

创业已经成为经济发展的强劲推动力，不但促进了市场的竞争和发展，推动了产业的创新，还有利于解决就业问题，成为加快经济发展和建设和谐社会的强劲动力。在对创业产生影响的诸多因素里，创业者特质是最为关键的因素。尤其是在竞争激烈的市场中，创业者特质对创业企业的经营和发展的影响至关重要。大学生创业者的特质有哪些呢？什么样的大学生适合创业？

1. 有胆识

大学生创业通常伴随着很高的风险与不确定性。事业的范围和规模越大，能够取得的成就就越大，而伴随的风险也就越大，大学生创业者需要承受风险的心理负担也就越大。大学生创业要有相当的胆识才能勇于承担可能的创业风险。

2. 具备预见力

大学生创业者应具有超强的预见力，能够抓住转瞬即逝的商机。对当前和未来的市场的敏锐洞察力，对创业领域的产业、客户与竞争情况的熟悉，使他们能掌握机会，制造机会，走上创业和持续发展之路。

3. 有自信和敢于行动

大学生创业者要相信自己，相信成就来自自我的控制力、影响力。大学生创业者要能看到最细小的地方，并且具有概念化的能力；大学生创业者要是行动者，他们愿意要承担营运的成败责任，愿意采取行动去处理问题。

4. 有团队合作精神

创业需要有良好的团队，需要与供应商、销售商和其他合作伙伴协作。创业带头人需要带领团队一起创业，因此团队合作精神是非常重要的。大学生创业者要建立一个团队，信任团队成员并给予团队成员适当的权责，使他们成为能完成任务的英雄。他们会以自己愿意被对待的方式对待别人，会和真正有贡献的人分享财富。他们具有凝聚团队成员共识，一起为共同目标努力的能力。

5. 有坚定的目标

大学生创业者常常会追求具有挑战性的目标，他们有高度的成就动机。设立高但可达到的目标使大学生创业者能集中他们的精力，精算各种机会，懂得对什么说不，他们也可借此排定优先级，并衡量自己的成果。

实训任务

看看你有没有创业者素质

任务描述：通过“创业者素质自我测评表”，了解自身的创业能力素质。如果对自己的能力素质认知感到有些不确定，也可以通过身边的同学或朋友对自己进行测评，再结合自评，来确定最终的测评结果。
请注意：作答时不要考虑太多，第一感觉非常重要哦！

能力要素	素质释义	评分					评价结果
成就导向动力	有努力工作实现个人目标的渴望，并表现为积极主动	5	4	3	2	1	
竞争意识	愿意参与竞争，主动接受挑战，并努力成为胜利者	5	4	3	2	1	
冒险精神	敢于冒险，同时又有勇气面对风险与失败	5	4	3	2	1	
人际理解与体谅	了解别人言行、态度的原因，善于倾听并帮助别人	5	4	3	2	1	
价值观引领	通常以价值观来引导和影响团队，自己的行为方式也集中体现组织所倡导的价值观	5	4	3	2	1	
说服能力	能够通过劝服别人，让他人明白自己的观点，并使对方对自己的观点感兴趣	5	4	3	2	1	
关系建立能力	保持经常的社会性接触。在工作之外经常与同事或顾客发展友好的个人关系，甚至家庭接触，扩大关系网	5	4	3	2	1	
决策力/个人视野	具有广阔的视野，能够在复杂的、不确定的或极度危险的情况下及时做出决策，决策的结果从更深远或更长期的角度看有利于企业的成功	5	4	3	2	1	
组织能力	有能力安排好自己的工作与生活，且使工作任务与信息条理化、逻辑清晰	5	4	3	2	1	
创新与变革能力	能够预测五年甚至十年后的形势，并创造机会或避开问题，总是能够创造性地解决各种问题	5	4	3	2	1	
诚信正直	诚实守信，并坚持实事求是、以诚待人，行为表现出高尚的职业道德	5	4	3	2	1	

能力要素	素质释义	评分					评价结果
自信心	相信自己能够完成计划中的任务，并能够通过分析自己的行为来看清失败，并在工作中予以改正	5	4	3	2	1	
纪律性	坚持自己的做事原则，严于律己，且表现为具有较强的自控能力	5	4	3	2	1	
毅力	明确自己的目标，并为之坚持不懈	5	4	3	2	1	
适应能力	能够适应各种环境的变化，具备应付各种新情况的能力，且能够创造性地提出问题解决方案	5	4	3	2	1	

（资料来源：何建湘．创业者实战手册［M］．北京：中国人民大学出版社，2016．有改动）

延伸思考

1. 京东集团的创始人刘强东在哪些方面表现出创业者的基本素质？
2. 如果你是一名创业者，你觉得你身上还有哪些素质需要提高？

任务 2 创业精神

随着知识经济时代的到来，全球经济一体化趋势的加强，世界范围内人才竞争的日益激烈，科学技术的日新月异及市场竞争的加剧，产品的生命周期和企业的生命周期越来越短。创业精神成为刺激经济增长和创造就业机会的一个重要影响因素。创业精神是推动社会进步的强大的精神力量。

一、创业精神的含义

创业精神这个概念最早出现于 18 世纪，其含义一直在不断演化。今天大多数经济学家都认为，创业精神是刺激经济增长和创造就业机会的一个必要因素。

什么是真正的创业精神？哈佛商学院对其的定义是："创业精神就是一个人不以当前有限的资源为基础而追求商机的精神。"从这个角度来讲，创业精神代表着一种突破资源限制，通过创新来创造机会、创造资源的行为，而不是简单地体现在创造新企业，或者创新上。因此，创业精神可以被简洁地概括为一种"没有资源创造资源，没有条件创造条件，用有限资源去创造更大资源"的精神。

创新创业实例

"一把剪刀"剪出传奇

1934 年，曾宪梓出身于梅州一个贫苦家庭。他 4 岁时，父亲离世。他与母亲相依为命，靠挑担和租地耕种维持生活。对当时的生活，他用"苦"字来形容。他说："我们山区非常贫困，吃不饱、穿不暖。"

曾宪梓很喜欢读书，但 12 岁时因家贫止步于小学。中华人民共和国成立后，一位开展土地改革的工作人员看曾宪梓爱读书，就把他送进了中学。在学校不但一切免费，每月还有 3 元助学金。"这对我震撼挺大的，这种心灵的震撼，我永远都忘不了。"

这种心灵的震撼影响了曾宪梓一生的轨迹。

中学毕业后，曾宪梓进入中山大学生物系学习，1961 年毕业后，进入广东省农科院工作。

1963 年，为了处理父亲的遗产，曾宪梓辞去了广东省农科院的工作后前往泰国。理智的他并没有和叔父争夺遗产，而是卖掉了随身带去的一部相机租了间小房屋后，向叔父学习领带制作技术，并表示："我愿像父亲那样，通过自己的双手去创造。"

1968 年，曾宪梓从泰国辗转至香港，两手空空，处境艰难，却萌发了创业的决心。他用 6 000 港元开始生产领带。他从低档领带做起，又向高档领带进军，逐渐建立了自己的品牌。

1971 年，金利来（远东）有限公司成立。1972 年，曾宪梓在香港购入了 553 平方米的厂房，公司经营范围扩大到男士服装、服饰、皮具等领域。1984 年，曾宪梓在家乡梅州建起了占地 80 000 平方米的金利来大厦。其间，曾宪梓积极进取，经常到欧洲国家交流学习，领略世界领带的新潮流，公司发展突飞猛进。短短数年间，凭着自己的双手，曾宪梓建立起了"领带王国"，更让人称颂的是他事业成功后，依然勤俭节约，却对慈善、公益事业多次慷慨解囊。

后来，曾宪梓投入 100 万美元成立了中国银利来有限公司，但曾宪梓明确宣布，对于应当分配给他的那一部分利润，他分文不取，全部捐献给家乡。曾宪梓先后捐巨资兴建了梅州市曾宪梓中学、梅县区宪梓中学和丽群小学。他先后投入 2 600 多万元，用于曾宪梓中学的建校及扩大教学规模和师资力量。

除了在家乡教育事业上竭尽所能外，曾宪梓一直以来都怀着桑梓之情，投身于家乡的其他公益事业，捐巨资用于医疗、道路、桥梁、绿化等各领域各项公益事业。据不完全统计，从 20 世纪 70 年代至今，他对内地的教育、科技、医疗、体育等事业做出的捐赠总额超过了 10 亿元。

（资料来源：周恢，钟晓红．创新创业基础［M］．北京：北京理工大学出版社，2019．有改动）

想一想：

1. 曾宪梓的创业精神是什么？
2. 阅读过曾宪梓的创业故事后，你得到了哪些启发？

实训任务

评估你的创业精神

任务描述：通过完成下面的测评，评估你自身的优劣势，评估你的创业精神，为你创办企业提供一个有价值的参考。
请注意：作答时不要考虑太多，第一感觉非常重要哦！

评估内容		自我评估			他人评估		
		优势	劣势	不确定	优势	劣势	不确定
企业家的创业精神	创新：创造性地解决问题						
	冒险：敢于承担风险						
	合作：善于与他人进行合作						
	敬业：把现有的工作当成事业成功的内在需求						
	学习：持续学习，终生学习						
	责任：敢于承担责任						
	执着：百折不挠、坚持不懈的毅力和意志						
	诚信：说到做到						
总计	优势（　　）劣势（　　）不确定（　　）						

结果说明：通过创业精神测评表，得出优势、劣势、不确定的具体分数，然后进行比较。

① 如果优势项多，说明你的创业潜质高。

② 如果劣势项多，说明你目前还存在短板。

③ 如果不确定项较多，说明你的自我认知不足，需要进一步使用其他测评方法。

延伸思考

1. 找出一个你喜欢的创业者，说一说他（她）是如何用创业精神来创业的。

2. 约上你的小伙伴一起观看电影《硅谷传奇》，讨论一下你们发现了硅谷创业者身上的哪些创业精神。

二、创业精神的内涵

创业精神有三个层面的内涵：一是哲学层次的创业思想和创业观念，这是人们对于创业的理性认识；二是心理学层次的创业个性和创业意志，这是人们创业的心理基础；三是行为学层次的创业作风和创业品质，这是人们创业的行为模式。

同时，创业精神还包括三个重要的主题：第一个主题是对机会的追求。创业者追踪趋势和变化，而且往往是尚未被人们注意到的趋势和变化。第二个主题是创新。创业精神包含了变革、革新、转换和引入新方法——新产品、新服务或做生意的新方式。第三个主题是增长。创业者追求增长，他们不满足于停留在小规模或现有的规模上，希望自己的企业能够尽可能地增长。因此，他们不断寻找新趋势和机会，不断创新，不断推出新产品和新的经营方式。

创新创业实例

史玉柱：创业精神缔造财富神话

1. 创业精神之一：才思敏锐，精细过人

创业家的成功在很大程度上取决于他们对机会具备天生的敏锐感和判断力。正如经济学家柯兹纳所言："机会源于信息不对称。"正是这种精细和敏锐使创业家能够抓住眼前稍纵即逝的机会，并且常常先于平常人看到这些机会的苗头，从而为采取行动赢得先机。在史玉柱身上，我们看到了很多这样的"敏锐"：20世纪80年代末创业初期看准汉字桌面系统软件开发，90年代初期开发保健品市场，2003年出售公司拳头保健产品的知识产权及其营销网络75%的股权转而投资股票市场，2004年进军网络游戏……尽管在这个过程中，史玉柱也有过失误和沉痛的教训，但是，在每一个经济发展时期，他似乎都抓住了熊彼特所说的"具有吸引力"的产业，而且善于将这些机会与企业资源有效地匹配起来，从而为他未来的财富帝国找到立足的根基。

2. 创业精神之二：首创精神和冒险精神

创业家怀揣着一种梦想和意志，企图建立起一个属于自己的"王国"，他们不甘人后，思想和行动常常先于天下，这为创业家们创造财富提供了"先动"优势。冒险精神是创业家身上表现出的突出特质之一，创业家的血液中流淌着对生意的激情，他们具有创造的激情、追求成功的激情、施展个人才华和智谋的激情，他们喜欢挑战，迎接变革，敢于冒险去追求成功。在史玉柱的传奇经历中，从他创业之初倾其所有为自己的产品做广告，到后来在其产品营销中惯用高强度广告攻势，以及不断探索新的业务领域和经营模式，都充分地体现了这种冒险精神。创业家的冒险是在精心

“计算”基础之上的理性决策，他们胆大心细又才智过人。对于这一点，我们在经历了从成功到失败，再从失败到成功的史玉柱身上看到了明显的表现。

3. 创业精神之三：不断创新，不断变革

经济学家鲍莫尔提出，资本主义的独特之处在于创新而非发明。熊彼特认为，创新是发现一种有利可图的机会，并且不断地追寻这种机会直到使它们在实践中得到应用。创新就是实现资源的“新组合”，这是创业精神最重要的特征，即以新的形式和方法，把资本、技术等要素有效地组合起来，创造性地应用到企业生产和管理过程中去。史玉柱的创业成功历程就是一个个不断创新行动的联结，也是他获得传奇式成功的最重要的原因。例如，“脑黄金”“脑白金”“黄金搭档”准确的产品市场定位；极富创意和人气响应的广告设计；《征途》网络游戏产品设计和销售模式中的诸多创新点；企业不断根据外部环境变化调整、开辟新业务领域，从最早的软件行业到保健品行业，再到资本市场投资，以及现在的网络游戏行业，都体现出一种极强的应变能力、学习能力和遗忘能力。一个企业如果具备核心能力但缺乏应变和遗忘能力，则可能陷入核心能力僵化陷阱而丧失竞争优势，这正是时下许多大型公司面临的创业难题。

4. 创业精神之四：渴望成功，百折不屈

熊彼特认为，只有不甘平庸，而且具有强烈成功欲的人，才有成为企业家的资格。创业家具有征服的意志和证明自己比别人优越的冲动，他们求得成功不是为了成功的结果，而是为了取得成功的过程。从史玉柱的创业经历中，我们看到，正是在成功和理想驱动下的百折不屈的创业精神和永无止境的探索与奋斗，使他从平庸中崛起，从失利与逆境中重新奋起。

（资料来源：创业网，摘选时有改动）

想一想：

1 你觉得史玉柱的创业精神体现在哪些方面？

2. 阅读过史玉柱的创业故事后，你得到了哪些启发？

知识卡片

创业精神的基本特征

创业精神既是创业的动力源泉，也是创业的精神支柱，是成功创业的前提。一般来说，没有创业精神就不会有创业行动，创业也就无从谈起。即便有创业，也往往是浅尝辄止，半途而废，因为创业道路不会是一帆风顺的，总是充满困难和荆棘。因此，顽强的创业精神对于成功创业是至关重要的。创业精神具有以下基本特征。

1. 高度的综合性

创业精神是由多种精神特质综合作用而成的。创新精神、拼搏精神、进取精神、合作精神等都是形成创业精神的特质精神。

2. 整体性

无论是创业精神的产生、形成和内化，还是创业精神的外显、展现和外化，都是由哲学层次的创业思想和创业观念，心理学层次的创业个性和创业意志，行为学层次的创业作风和创业品质构成的整体，缺少其中任何一个层次，都无法构成创业精神。

3. 超越历史的先进性

创业精神的最终体现就是开创前无古人的事业，因而创业精神本身必然具有超越历史的先进性，即想前人之不敢想、做前人之不敢做。

4. 鲜明的时代特征

不同时代的人们具有不同的物质生活和精神生活条件，创业精神的物质基础和精神营养也就各不相同，创业精神的具体内涵也就不同。

实训任务

任务描述：

悦读分析——1883年，拿破仑·希尔出生在一个贫寒之家。他上大学时，为一家杂志社工作，有幸认识了人际关系学家戴尔·卡耐基。从此，他应卡耐基之邀，配合这位可敬的导师从事对美国成功人士的研究工作，他访问了福特、罗斯福、洛克菲勒、爱迪生等504位成功者，并对他们进行了深入研究。20年间，他获得了博士学位，并完成了具有时代意义的八卷本的《成功规律》一书。该书归纳出了很有价值的17条黄金定律，涵盖了人类取得成功的所有主观因素，使成功学这门看似神秘的学问变成了具体的、可操作的法则。

拿破仑·希尔的17条黄金定律如下：

第1条　保持积极的心态
第2条　要有明确的目标
第3条　多走些路
第4条　形成正确的思考方法
第5条　具有高度的自制力
第6条　培养领导才能
第7条　建立自信心
第8条　具有迷人的个性
第9条　创新制胜
第10条　充满热忱
第11条　专心致志
第12条　富有合作精神
第13条　正确对待失败
第14条　永葆进取心
第15条　合理安排时间和金钱

第 16 条　身心健康 第 17 条　养成良好的习惯	
你刚刚阅读了拿破仑·希尔的 17 条黄金定律，现在尝试总结出你自己未来人生的 10 条黄金法则吧！	
1	
2	
3	
4	
5	
6	
7	
8	
9	
10	

延伸思考

1. 你觉得你自己是否具备创业精神？

2. 选择一名企业家作为你的案例分析样本，分析他是如何将他的创业精神贯穿整个创业过程的。

三、创业精神的五大要素

企业家到底有哪些与众不同之处呢？是什么令某些人能够充满自信地积极面对失败挫折，先人一步达成自己的目标呢？

以下是创业精神的五大要素。

（一）激情

激情对于创业者来说是极其重要的，甚至可以说，创业者有了激情就成功了一半。而没有创业激情的话，就不会有强大的创业动力；没有强大的创业动力，就无法激发无限的创业活力；没有无限的创业活力，就不可能取得持续性的发展；而没有持续性的发展，创业必败。

成功创业者共有的特征是他们都充满了创业激情，这种激情来自创业者认为他们的企业将积极地影响人们生活的这种信念，也来自他们创建企业的雄心壮志。仅有激情无法成功，但缺乏激情也无法成功。假如你有很好的机会和坚实的团队，却没有激情和愿景，事情很容易就会变得一团糟。

（二）积极性

创业是需要全身心投入的，拥有积极的态度才能使创业成功。

创业过程充满各种挑战和困难，进行积极的正面思考是创业者应具备的素质。比如，亚马逊创始人杰夫·贝索斯就非常清楚积极思考的能量，他以“每个挑战都是一次机会”为座右铭。

亚马逊于 1995 年 7 月正式启动，两个月内就轻松实现每周 2 万美元的销售额。1990 年代末，互联网公司纷纷倒闭，亚马逊股价也从 100 美元降至 6 美元。雪上加霜的是，一些评论家预测，美国最大的书店巴诺启动在线业务，这将彻底击垮亚马逊。在这紧要关头，贝索斯挺身而出，向外界表达了乐观和信心，针对批评言论，他还一一列举公司的积极因素，包括已经完成的和准备实施的。贝索斯带领亚马逊不断壮大，出售从图书到衣服、玩具等各种商品。今天，亚马逊年度营收已超过五千亿美元，这在很大程度上得益于贝索斯的积极思考。

（三）适应性

创业者一定要有超强的适应性，要能适应艰苦的生活，也同样要能适应成功与富足，特别是在暂时取得阶段性成功时，一定不能被胜利冲昏头脑。只有迅速适应新的环境，将自己及企业调整到符合新情况的状态，才能使企业一直走正确的道路。

绝大多数创业者创业失败，是因为他们的适应能力太差，他们不会根据客户要求、市场现状等实际情况进行灵活变通。每个成功的创业者都乐于改进、提升服务或按照客户意愿定制服务，以持续满足客户所需。

（四）领导力

领导力可以理解为创业者能够带领团队去完成一件事情的能力。这种能力体现为一系列的行为组合，通过这些行为能够激励创业团队成员完成团队目标。

领导者是一家企业的灯塔，他们对于往哪个方向奋斗、怎么奋斗，要心中有数并且胸有成竹。在创业过程中，领导者要能兜得住，能托底，能够尽最大努力，做最坏打算，即使失败也不害怕；能扛事，不惹事也不怕事，遇到大事能够主动站出来把事扛下，遇见小事能及时提出建议来帮忙解决。

身为一家初创企业的领导者，创业者需要有能力快速做出决策，而且在必要的时候，能够灵活改变决策。所以，好的领导者一定具有很强的个人魅力和感召力，有道德感，有团队协作精神。

（五）雄心壮志

创业者必须具有远大的理想和抱负。Mrs. Field's 的创始人戴比·菲尔兹就是在自己 20 岁一无所有的时候开始构建她的商业帝国的。作为一个年轻的家庭主妇，她毫无商业经验，但她拥有绝佳的巧克力甜饼配方，并梦想全世界的人都能品尝到自己做的巧克力甜饼。1977 年，菲尔兹开设了自己的第一家店。尽管很多人认为她仅靠卖甜饼无法将业务维持下去，但菲尔兹的雄心壮志使得小小甜饼店变成了一家大公司，最后菲尔兹在全球有 600 多个销售点，遍布美国和其他 10 个国家。

学习链接

微课：激发创业与创业精神

创新创业实例

荣获“商丘市十大杰出青年”称号的杨树军的创业故事

杨树军是会计学专业的一名学生。大学期间，他从家里借了 5 万元，和两个朋友合资 10 万元创办了北京安平融信会计服务有限公司，由此其创业生涯正式拉开了序幕。谈及以会计公司起家的原因，杨树军兴奋地说：“首先，是自己内心的一股劲头，是一种不服输的斗志和怀揣梦想的信念；其次，是想利用自己所学的专业知识，发挥自己的专长。”其实，摆在杨树军面前的现实是非常残酷的。由于缺乏创业所必需的知识和经验，创业时准备得不是很充分，加上不太懂企业经营的规则，刚开业的公司举步维艰，第一个月没有任何收入。“在创业过程中遇到的最大困难就是自己太年轻了，给客户的印象是工作经验不足，能力低。”杨树军说，“尽管当时理论学得比较扎实，但业务能力明显不足，这是创业过程中的一大难题。”但是，他并没有因公司的惨淡状况而失去斗志，而是用实际行动去针对性地解决公司面临的问题：客户不信任，他就用更加专业而周到的服务去打动他们，或者让公司里社会经验较丰富的员工出面与客户沟通；公司规模小，缺乏激励机制，员工流动频繁，他就自己先去全面熟悉公司所有部门的业务，哪里缺人就补在哪里，并通过机制建设让新人能够很快熟悉业务，同时用自己的执着尽最大努力向来到其身边的每个人传递一种“通过不断拼搏而获取成功”的信念；工作经验不足，他就想方设法从各个方面努力，去拜访同业，去请教专家。经过半年多的努力，到 2003 年年底，杨树军的公司已经有了明显改观，员工增加了 4 个人，客户群也增加到近 60 家。

随着业务量的扩大，为了公司更好地发展，杨树军做出休学一年的决定。这一年，杨树军开始全身心地投入公司的经营中。在开展业务的同时，他亲自研究行政管理、服务细则、绩效考核、员工激励等方方面面的业务，使公司快速步入了正常的运营轨道。2007 年，杨树军以独到的眼光，投资了一个有关污水废弃处理技术的研发项目，适时创立了北京鼎盛鸿宇科技有限公司。至此，可以说他的创业路上有了引人瞩目的闪光点。杨树军的努力也赢得了老乡们的尊敬。在与家乡人的频繁接触中，杨树军的思乡情和回报家乡的愿望也愈加强烈。2010 年 8 月，杨树军在河南省宁陵县创立了宁陵鼎盛农业科技发展有限公司。杨树军微笑着说：“是国家有关农业的新政策给了我如何回报家乡的灵感，我进一步萌发了产供销一条龙的计划。”公司的第一个项目就是建立有机果蔬生产基地。当然，成立之初，由于他自己对诸多农业技术不了解，以及当地农民缺乏必要的文化知识等，在具体实施中，杨树军走了不少弯路。在 2010 年 9 月的那场大雨中，温室大棚被毁了 60%。大棚育苗，虽有技术人员指导，但农民操作不规范导致大量蔬菜种苗死亡，面对一系列问题，杨树军都一直咬紧牙关坚持着，通过考察并学习其他优势公司的技术和管理模式，最终克服了种种困难。后来，这家农业科技公司的发展风生水起，解决了当地 50%的富余劳动力就业问题，带动周边 1 000 余户家庭跟进，发展设施农业 2 000 多亩（1 亩≈666.67 平方米）。公司被认定为农业龙头企业，并通过科技部“星火计划”立项，成为大学生村干部创业实践基地、青年创业示范基地。杨树军也荣获“百名豫籍在京务工创业有为青年”“河南省模范团干部”“商丘市十大杰出青年”等荣誉称号。

想一想：

1. 杨树军的创业精神的要素有哪些？
2. 通过阅读杨树军的创业理念，你觉得你身上还缺少哪些创业精神的要素？

实训任务

任务描述：本任务介绍了企业家应具备的创业精神的五大要素。其实，不同的人在不同的环境下，对这个问题的理解是不一样的。你是如何看待创业精神的五大要素对于人生发展的影响的？请列举一下你的观点。

延伸思考

1. 在学校，大学生应该如何培养自己的创业精神？
2. 如何把创业精神的五大要素融入生活和学习中？

模块三 组建与管理创业团队

知识目标

★ 了解与知道

1. 创业团队的内涵；
2. 创业团队的特征。

★ 理解与熟悉

1. 创业团队的组建方法；
2. 创业团队的管理方法。

★ 掌握与应用

理性分析自身角色特征，组建或加入创业团队。

任务1 创业团队概述

一、创业团队的内涵与特征

（一）创业团队的内涵

在现代经济社会，企业所面临的外部环境风云变幻，想要在复杂多变的市场竞争中赢得优势，仅靠创业者个人是不够的，需要借助于创业团队的力量。从风险投资人的视角来看，当今的世界充满着丰富的技术、大量的创业者和充裕的风险资本，而真正缺乏的是出色的创业团队。因此，组建优秀的创业团队是创业中人力资源配置的重要环节。

创业团队是指有两个或两个以上具有共同愿景和目标、共同创办新企业或参与企业管理、拥有一定股权且直接参与战略决策的人组成的特别团队。创业团队拥有共享的资源、明确的分工、协作的工作方式、共同的企业责任、共担的创业风险、共享的创业收益。

（二）创业团队的特征

需要注意的是，在团队的基本特征、功能作用、管理模式等方面，创业团队与一般意义上的团队是有差别的。创业团队的共同目标是开创新企业或拓展新事业，尽管可能存在人员变化，但往往是企业的高层管理者拥有股份，关注影响企业未来发展的战略性决策问题，对组织的承诺较高。由于经常性地共事，团队成员之间具有较强的心理契约关系。一般团队则往往是为解决某类或某个具体问题而临时组建在一起的，如销售团队、项目团队、技术攻关团队等，团队成员遍布企业各个层级，受到企业高层的指挥和领导，主要解决特定的战术性、执行性问题，成员间的心理契约关系不正式且影响力较小。

创业团队的特征包括以下几个方面。

1. 创业团队成员技能互补

创业团队的组建应充分重视团队成员之间技能上的互补，建立优势互补的创业团队是创业项目稳定开展的关键。创业者之所以寻求团队合作，其目的就在于弥补创业目标与自身能力之间的差距。创业团队成员只有在知识、技能、经验等方面实现互补，才有可能通过相互协作产生“1+1>2”的协同效应。如果创业团队成员之间的知识、能力不能实现互补，即使组成了团队，也不能产生团队成员之间的协同效应，甚至会相互冲突并限制某些有能力的人发挥作用。

2. 创业团队成员共同承担风险和获取收益

创业团队成员必须共同负起责任来实现创业目标，这要求创业团队中的所有个体能围绕创业目标做出一致的承诺，从而使团队成员齐心协力，成为一个强有力的集体。很多人经常把创业团队和工作团体混为一谈，其实两者存在本质上的区别。优秀的工作团体与创业团队一样，具有分享信息和观念的特征，但工作团体主要是把工作目标分解到个人，其实质是注重个人目标和责任，工作团体的成员不会为超出自己责任范围的结果负责，也不会尝试获取因多名成员共同工作而带来的增值。

❸ 创业团队成员有共同的目标

创业团队成员必须为统一的目标而奋斗，并形成一致的价值观。如果不同个体对创业目标缺乏共识，组合在一起也只能称为群体，而不能称为团队，这样的创业队伍即使组建起来，也不能形成合力，无法保证创业企业在竞争激烈的市场中存活和发展。

❹ 创业团队成员能够创造价值

创业团队的价值创造过程实际上就是知识转化为经济效益的过程。创业团队应该通过选择恰当的创业项目和组建企业运作系统，将每个成员的内在知识实践化和经济化，通过发挥每个成员的专长将产品推向市场，使投资增值，最终实现价值创造。

二、创业团队的构成要素

创业团队需要具备五个重要的构成要素——目标（Purpose）、人（People）、定位（Place）、权限（Power）、计划（Plan）。这五个构成要素的英文单词都以字母 P 开头，因此被称为“创业团队要素 5P 模型”。

（一）目标

创业团队应该有一个既定的共同目标，这个目标是创业团队努力的方向。没有既定目标，创业团队就没有存在的价值，创业项目也就不可能取得成功。在创业团队中，目标一般体现为创业目的及创业企业管理中的愿景与战略。

（二）人

在创业团队所需的资源中，人力资源是最活跃、最重要的资源，只有通过人员的不同分工，才能保证创业项目的顺利开展和目标实现。例如，创业团队中有的人负责制订计划，有的人负责开展业务，有的人负责监督协调。需要强调的是，创业团队不应只是个体的组合，还应进一步考虑不同个体的特长和能力，提高每个人对团队的贡献值。

（三）定位

团队要通过合理的方式创建出有助于实现目标的组织结构，其关键在于在了解团队及内部成员特征的基础上，改造一些习惯性的思维定式，让来自不同领域的成员真正成为更具合作性的团队伙伴。定位具体包括以下两层含义：

一是创业团队的定位。创业团队在企业创建和成长过程中处于什么位置，发挥什么作用？创业团队中谁来选择和决定团队的成员？创业团队最终对谁负责？创业团队采取什么方式激励下属？

二是团队成员的定位。团队成员的定位涉、成员角色、投资方式、组织形式等问题：团队成员在创业团队中扮演什么角色，是制订计划、具体实施还是指挥协调？团队成员以什么方式进行创业资金投入，是大家共同出资委派某个人参与管理、大家共同出资共同参与管理，还是大家共同出资聘请第三方管理？在创业实体的组织形式上，是合伙企业还是公司制企业？

（四）权限

所谓创业团队的权限，是指团队担负的职责和掌握的权力，即团队的工作范围和在某范围内决策的自主程度，创业团队权限的确定主要取决于团队的类型、目标、定位，以及新创组织的规模、结构、业务类型等。进一步看，创业团队中领导者的权力大小与团队的发展阶段和创业企业所在行业相关。一般来说，创业团队越成熟，领导者越倾向于放权，因此所拥有的权限相应越小；在创业团队发展的初期阶段，领导者要负责项目的实施与开展，因此所拥有的权限相对较大。

（五）计划

创业团队的计划涉及如何把职责和权限具体分配给团队成员，如何做出规划，指导团队成员分别做哪些工作及怎样做等问题。创业团队的计划有以下两层含义：

其一，创业目标的实现不但需要创业团队和创业资源的支撑，还需要一系列的具体行动方案，用以指导团队成员的角色分工和资源分配，因此可以把计划理解成达到目标的具体工作程序。

其二，创业目标的实现是一个漫长而艰苦的过程，若缺乏详细、具体的行动计划，团队在项目的运行过程中容易失去行动目标，尤其是在遭遇困难的时候，团队的应变能力不足可能导致创业团队偏离创业目标。因此，按计划进行可以保证创业团队的顺利运转，也只有在计划的引领下，创业团队才会一步一步接近目标。

三、创业团队的重要性

目前的经济发展水平和市场竞争程度决定了企业活动很难通过个人行为取得成功。事实上，成功的创业个案大多与有效发挥团队作用密切相关。国外一项针对 104

家高科技企业的研究指出，在年销售额500万美元以上的高成长企业中，以团队形式建立的企业数量占总数的83.3%；而在另外73家已经停止经营的企业中，仅有53.8%的企业拥有数位创始人。国内一项调查也显示，在创业成功的企业中，有70%的企业属于团队创业。虽然每个创业者都希望凭借自己的能力和激情推动创业项目取得成功，并有完全掌握新企业发展的欲望，但不得不承认团队创业拥有多个个人独自创业所不具备的价值。

组建团队能将个人所拥有的技能和经验组织到一起，从而超越个人原有的技能和经验，这种技能和经验在更大范围内的组合能使团队应对多方面的挑战，比如创新、质量管理和客户服务，并形成一种协同工作的整体优势。

组建团队能以更有效的方式应对创业过程中遇到的困难和问题，因为团队对待变化中的事物和需求具有更大的灵活性。在共同形成明确目标和方法的过程中，团队的即时沟通可以建立起快速解决问题的交流方式。也正因为如此，团队能用更为快速、准确和有效的方法打入大型组织的关系网中，并根据新的信息和挑战调整创业的行为方式。

组建团队能为加强新创组织的发展和管理工作提供独特的视角，因为没有人会拥有创立并运营企业所需的全部技能、经验、关系或声誉，想要创业成功，就必须组成一个团队。在新创组织的创建和发展过程中，如果团队能够通过共同努力克服障碍，团队中的个体就能对彼此的能力建立起信任和信心，并共同追求高于个人职能业绩的团队业绩，从而使团队的业绩最终成为对团队自身的激励。

组建团队有利于营造更轻松愉快的心理环境，通过组建团队塑造出的创业氛围，能够使团队的成员愿意为了实现团队的目标而一起工作，并且为了团队的业绩、成果而相互充分信任。这种令人满意的心理环境支持团队创造业绩，也因团队的优异业绩而得以延续。

创新创业实例

者世祥

——创新创业教育助力云南经贸外事职业学院学子改变命运

近年来，高校毕业生逐年增加，传统行业提供的岗位数量越来越有限，科技进步和劳动力成本的上升也在无形中压缩了就业空间。云南经贸外事职业学院主动开展创新创业教育，进行教育教学改革，培养更多创业型人才，为云南省地方经济发展做出贡献。

云南经贸外事职业学院在创新创业教育方面的主要举措包括以下方面：

一是开设创新创业课程，培养学生的创业意识。开设“大学生创新创业基础”和“创业实战”两门课程，校内专兼职创业导师与10余家企业共同开发课程标准。规范、适用、系统的创业教育是学生具有一定创业能力的保证，是学生创业意识、创业思维和创业观念形成的“摇篮”。

二是利用校园孵化器满足创业实践需求。学院设立国际创业孵化产业园，每年至少可以孵化30余个项目，是集研发、培训、孵化于一体的孵化器，采用“学院指导、企业参与、自愿加入、市场化运作、规范化管理”的运作模式。学院不但为创业团队免费提供场地、水电、网络，还定期举办“创业公开课”“创业沙龙”等活动。

三是举办创新创业大赛，让学生增长创业见识。为了丰富学生的课外生活，激发他们的创业兴趣，学院非常重视创新创业类的比赛，并每年举办“互联网+”创新创业大赛。

者世祥是2016级工程系的学生，在校期间表现非常优秀。者世祥在校期间就参与了“小城新零售——同城圈”项目，入驻创业孵化园。者世祥曾凭借“小城新零售——同城圈”项目获2018年云南经贸外事职业学院“互联网+”创新创业大赛金奖。2017年，者世祥作为快乐KAB创业社团辩论队的一员，在创新创业教育中心潘珍珍老师的带领下，参加了在云南大学举办的创业辩论赛——“创业奇葩说”。一次次参加比赛的经历，提高了者世祥的创业水平，增强了他的创业决心。2019年9月毕业后，者世祥回到家乡云南省大理白族自治州南涧彝族自治县南涧镇创办大理富强农产品销售有限公司，从事农产品的收购、运输、储存和销售，经营范围广，包括蔬菜、生猪、肉牛、黑山羊、畜禽、水果等。从国内农产品销售市场来看，长期以来，“重数量轻质量”的经营理念根深蒂固，而者世祥严把质量关，突破传统的经营理念、管理方式，满足人们的生活消费需求，促进家乡农产品产业的发展，增加了当地农民的收入。者世祥说：“虽然农产品销售是一个很普通的职业，但我相信随着经济和社会的进步，会有越来越多的大学生进入这个行业，改变传统的行业模式，为我国的经济发展注入新的活力。”

者世祥取得的创业成绩主要包括以下三个方面：

一是实现公司盈利，带动就业。大理富强农产品销售有限公司成立于2019年12月，注册资本200万元，后拥有店面20余家，虽然处在创业初期，但仅仅半年利润即达36万元。者世祥深深地认识到创业不仅仅是个人的成功之道、家庭致富的源泉，更有倍增的就业效益。

二是带动地方经济发展。高校毕业生知识储备量大，思维范围广，善于创新，创业中全新的思维在某种程度上会给经济发展带来新动力，提高现有产业的成熟度，为传统产业提供全新的支持，助力传统产业转型，加速产业的更新发展，对地方经济发展做出贡献。

三是通过创业改变命运。从第一天开始上“大学生创新创业基础”课程，者世祥就对创业充满兴趣，他认识到要有明确的人生规划和创业蓝图，他提醒自己要珍惜在学校读书的时光，好好充实自己。从创业开始，者世祥变得更自信了。

想一想：

1. 者世祥的创业经历给了你哪些启发？
2. 云南经贸外事职业学院的创新创业教育有哪些特色？

任务 2 创业团队的组建

一、创业团队的组建原则

创业团队的组建并没有固定的模式可遵循，只要创业团队与创业项目、所拥有的资源及所处的行业匹配，选择哪种组建创业团队的模式都是可行的。

一般来说，创业者在创建企业的同时，也在组建自己的创业团队。组建团队的过程就是寻找人才的过程。创业者在寻找合作者组建团队时，遇到的一个常见问题是创业企业争取人才的竞争力难以与成功的大企业相比，但为了生存和发展，创业企业对所需的人才要求又较高，这就造成了创业团队的组建困境。一般来说，创业者在选择团队成员时，应该重点考虑以下几个问题。

（一）遵循理性原则还是非理性原则

遵循理性原则组建创业团队，意味着创业者将组建创业团队视为一种弥补自身资源和技能不足的方法，即创业者会仔细分析创业所需要的资源和技能，并将自己现有的资源和技能与实现创业目标所需的资源和技能进行比较，以获取和整合自身所缺的资源与技能为目的，寻找合作者形成创业团队。一般而言，遵循理性原则组建的创业团队平均规模更大，因强调团队成员之间资源和技能的互补而使团队异质性更强，团队成员之间的熟悉程度相对较低，沟通和交流更加谨慎。

遵循非理性原则组建创业团队，是指创业者更倾向于寻找那些志趣相投而不是资源和技能互补的人合作，更强调成员之间的人际关系。在某些创业者看来，创业过程充满艰难困苦，团队成员具有共同的兴趣点、相似的工作背景、共同的创业理想等，对保持和提升团队成员的凝聚力非常重要。依据非理性原则组建的创业团队平均规模相对较小，团队成员因志同道合而聚集在一起，从而使团队同质性更强，彼此之间的熟悉程度相对较高，沟通和交流更加顺畅。

从创业团队组建的效果来看，很难看出遵循两种原则的优劣之分。遵循什么样的原则来组建创业团队，一般取决于创业机会的性质或类型。若创业机会所蕴含的不确定性较高，且创业机会中蕴含的价值较高，表明该创业机会具有更大的挑战性，此时遵循理性原则来组建创业团队，能更好地应对创业过程中的复杂任务和困难，确保创业项目成功。例如，在高新技术领域，大部分创业者都依据理性原则组建创业团队，强调团队成员在技术、营销、财务等职能领域的互补性。若创业机会所蕴含的不确定性较低，价值创造潜力一般，表明该创业机会属于常规性机会，在这样的条件下，创业团队成员之间的齐心协力和信任感更为关键，因此遵循非理性原则组建的创业团队更有可能成功。例如，在服装、零食、餐饮等传统行业，大多数创业者都依据非理性原则组建创业团队。

（二）兼顾义与利

在中国传统文化中，创业团队成员更多的时候等同于“兄弟”，这是指团队成员从“义”的角度产生认同感并致力共同奋斗。在创业过程中，尤其是创业初期，当企业创造的价值很有限时，创业团队中的大多数成员都能更多地考虑企业的利益，只考虑如何付出而不会过多谈及回报，相互信任是维系关系的主要纽带。这种团队成员之间的关系貌似牢固，但也有很大弊病，尤其是当企业发展步入正轨、运营平稳、利润增加时，个人的利益观念就会突显，团队成员就会因付出与得到的不相同或以为不相同而产生负面情绪，甚至离开团队并带走一部分利润，影响企业的继续发展。

创业团队在组建一段时间后，其结构和形态很难保持不变，创业团队的核心成员离开企业的比例较高，主要原因有个人规划和企业发展相冲突，因利益分配不均而导致变动，内部人员分歧和管理结构调整。大多数创业团队不能随着创业进入不同阶段而正确处理团队成员之间的义与利问题，导致核心成员离开，核心成员离开会给创业企业造成巨大损失，他们不但有可能带走企业核心技术，带走优秀的员工，还有可能成为企业的竞争对手。

因此，在创建团队时，即使团队成员是最好的朋友，也应该建立合理的利益分配制度，并争取得到其他成员的支持和认同，这也是创建一个健全的企业组织形式与绩效制度的基础。

（三）实现质与量的平衡

创业者在组建创业团队时，首先应该制订一份人才需求计划，提出并回答想要有哪方面专长的人员、希望他们从事什么工作、能够给予对方哪些有利条件等问题。每个创业者都希望吸纳一些有真才实学的合作者进入创业团队，有的创业者会尝试通过招聘来寻求团队成员，但创业团队在人才市场中往往缺乏吸引力，原因在于薪资待遇较差、工作稳定性不强、工作压力较大。除了通过招聘外，如何说服高质量的人才加入创业活动也是创业者需要考虑的问题。向他们描述企业的发展前景、坦率地讲出目前遇到的困境、试图激发他们实现个人价值的激情是十分有用的方法，尤其是对于有着相同创业理想或希望实现自己价值的人来说，对创业愿景的生动描述远比薪资待遇更加有吸引力。

除了考虑团队成员质的问题外，创业者还需要正确看待量的问题。一般而言，在创业初期对团队成员的数量要求并不是太高，也不需要针对创业项目中的每个具体业务环节设置专门的人员，因为业务量还没有提高，财务、法律等方面的有些问题可以通过外包解决。在团队成员人数的确定上，一般认为 4—6 人能够实现最高的团队效率，但另一种说法是创业团队成员的人数应该取决于创业活动的性质和类型。

创业者在组建创业团队时，应当遵循最低岗位数量原则，因为创业项目的岗位设置受到工作任务的困难程度、复杂程度及经费预算等因素的制约，可以设置的岗位非常有限，为了使一个创业企业以最小的成本获取最大的效益，其成员数量应当限制在有效完成任务所需岗位的最低数上。归纳起来，在创业初期，选择精益创业方式可以最大可能地提高生存概率，尤其是初创企业的资金都很有限，每一分钱都得用在刀刃上，如果创业企业的成员数量太多，就很容易增加内耗，造成创业企业举步维艰。

二、创业团队的组建程序

（一）确立创业目标

明确创业方向与创业目标，对创业合作者的选择、后期整个团队章程的制定等都起着决定性作用。创业活动具有高度的不确定性，创业目标可能是动态的、不断迭代的，这使得创业团队的构成具有高度的动态性。无论目标是否调整和变化，有无共同目标是团队区别于群体的重要标志之一。

（二）制订创业计划

创业计划是全面说明创业构想及如何实现创业构想的文件，在对创业目标进行分解的基础上，将创业团队作为整体来考虑。制订创业计划能够帮助创业者对创业所需的能力、素质及现有资源进行评估，客观了解所需团队成员的特点，使寻求创业合作者有据可循，避免盲目行动。

（三）选择团队成员

对于创业者而言，选择合作者组建创业团队时尤其要注重两个核心问题：一是在挑选团队成员时，要努力保证所找的对象有助于形成有利于创业目标实现的技能组合。创业者不但要寻找那些目前拥有团队所需技能的人员，还要寻找那些具备技能开发潜质的人员。二是要注重人员规模，如上所述，创业团队的人数以能够完成创业活动为标准，适当的人数有利于股权分配、内部统一集中管理、达成一致及高效率地执行任务。

（四）划分职权

创业者所组建的创业团队不必模仿成熟企业甚至跨国企业的组织结构，而应该以能够简单高效地进行创业活动为目标，同时要保证团队内部沟通交流的顺畅，这样才能使团队成员明确各自的职责与权力。每个团队成员的职责不应该是一成不变的，随着新问题的不断发现，创业者可以在某一时间段实行每个团队成员的职责轮换，也可以指定几名成员在整个创业过程中共同承担某些职责。

（五）构建制度体系

创业团队的制度体系体现了创业团队对成员的控制和激励能力，主要包括团队的各种约束制度和激励制度。一方面，创业团队通过各种约束制度（主要包括纪律条例、组织条例、财务条例、保密条例等）指导其成员避免做出不利于团队发展的行为，实现对其成员行为的有效约束，保证团队的秩序。另一方面，创业团队实现高效运作需要有效的激励制度（主要包括利益分配方案、奖惩制度、考核标准、激励措施等），使团队成员看到随着创业目标的实现，其自身利益将会有怎样的改变，从而达到充分调动团队成员的积极性、最大限度地发挥团队成员作用的目的。要实现有效的激励首先就必须把团队成员的收益模式界定清楚，尤其是关于股权、奖惩等与团队成员利益密切相关的事宜。需要注意的是，创业团队的制度体系应以规范化的书面形式确定下来，以免带来不必要的混乱。

（六）调整融合

完美组合的创业团队并非在创业一开始就能建立起来的，很多时候是在企业创立一定时间以后随着企业的发展逐步形成的。随着团队的运作，团队组建时在人员匹配、制度设计、职权划分等方面的不合理之处会逐渐暴露出来，这时就需要对团队进行调整融合。问题的暴露需要一个过程，因此团队调整融合也应是一个动态持续的过程。在完成了前面的工作步骤之后，团队调整融合工作针对运行中出现的问题，不断对前面的步骤进行调整，直至满足实践需要为止。在进行团队调整融合时，最为重要的是要保证团队成员间经常进行有效的沟通与协调，培养并强化团队精神，提升团队士气。

三、选择创业伙伴

（一）团队成员的来源

选择优秀的创业伙伴，并建立良好的工作关系，是一项非常复杂的工作。创业者在选择伙伴时往往愿意与自己相似的人交往，比如在背景教育、经验上具有共同点的人很容易成为创业者最初的伙伴。而这时需要注意的问题是，团队成员相似会导致创业团队在知识、培训、技能和欲望上重叠的程度增加，而在用于拓展的人脉、资源和背景方面就会存在短板。因此，创业者在选择创业伙伴时，需要抵制构建相似小圈子的诱惑，充分考虑团队成员的互补性和多元化，进而以宽泛的知识、技术、经验和多元的社会网络资源助力新创企业的发展。

（二）团队成员的评估

1. 知识评估

在知识经济时代，知识的重要性不言而喻。团队成员的受教育水平可以在一定程度上反映其知识掌握程度，较高的受教育程度可能会使团队成员在研究能力、洞察力、创造力等方面表现更为优越。如果是技术领域的创业，那么团队成员具备相应的专业背景则更为重要。

2. 经验评估

团队成员既往的工作经历都可以成为新创企业经营的有利因素。比如，有过创业经历的人更熟悉创业过程，能有效地规避导致巨大失败的错误；有相关行业经验的人则对产业发展趋势更为敏锐，可以迅速开拓市场、开发新产品。

3. 资质、能力评估

创业团队中存在具有较高知名度和地位的成员，往往是质量信号，意味着新创企业可能取得成功，因为这能够帮助新创企业赢得潜在消费者、投资者、员工的信任与认可。与此同时，创业团队成员需要有能力提出具有洞察力和深入人心的问题，并通过不同的能力结构实现优势互补。

4. 关系网络评估

创业团队成员如果具有广泛的社会关系网络，则在创业初期更容易获得各种资源，进而更容易得到资本市场和消费者的认同。构建并维持与兴趣类似者或能够给企业带来竞争优势的他人的良好人际关系，是创业团队具有社会资本的体现。

（三）团队成员的角色

由于创业团队成员具有异质性，每位成员的优势和劣势都不尽相同，在创业团队中所扮演的角色也不相同。为了实现团队成员之间的优势互补，创业者需要结合团队成员的特质，对团队成员进行评估，将其安排在最适合的工作岗位上，让其扮演最适合的团队角色。具体而言，创业团队内的角色分为九种，即栽培者、资源探索者、协调者、塑形者、监控者、团队工作者、贯彻者、完成者、专家。

学习链接

微课：组建创业团队

任务3 创业团队的管理

一、创业团队的管理策略

按照不同逻辑组建的团队各有优劣，在日后的团队管理方面的侧重点也不一样。对于按照理性原则组建的创业团队，团队管理的重点在于经常沟通和协调，整合团队成员的资源和技能，强化团队成员之间的相互信任，具体措施包括明确分工及建立透明的决策机制，实行以信任为核心的团队沟通管理等。对于按照非理性原则组建的创业团队，团队管理的重点在于维持信任、整合外部资源、避免决策的一致性倾向等，具体可采用的方法包括招募核心员工、聘请外部专业顾问、进行以利益分配为核心的团队凝聚力管理等。但是，无论哪种类型的创业团队，都有必要借鉴以下方式加强对创业团队的管理。

（一）确定团队理念

真正有效的管理是能够激发人的内在动机，靠人的主观能动性进行自我管理。创业者要带领创业团队取得成功，最有效的办法是建立以团队理念为核心的企业愿景，通过愿景的力量激发创业团队成员发挥自身潜能去实现创业目标。优秀的创业团队理念一般有以下几个共同点。

1. 有凝聚力

凝聚力是优秀团队的基石，优秀创业团队的成员都会认为，团队的成功离不开每一位成员的努力，即“一荣俱荣，一损俱损”。

2. 有合作精神

团队合作精神往往深深根植于优秀创业团队成员的心中，他们相互合作，通过互相补位提高团队的整体效率。

3. 有完整性

完整性要求团队成员在完成任务的时候，不能够忽略工作质量、员工健康和其他利益相关者的利益，要做到不“以邻为壑”。

④ 有长远目标

优秀的创业团队着眼于企业的长远目标，并做好长期奋战的准备，不指望通过创业达到一夜暴富。

⑤ 有收获的观念

在优秀的创业团队看来，企业的成功是最终的成功，而不是他们个人的薪水、工作待遇等的提高。

⑥ 致力价值创造

优秀创业团队的成员都致力价值创造，通过努力把“蛋糕”做大，不断创新产品和服务，满足客户的需求，让客户、供应商等利益相关者能够获得更大的价值和利润。

⑦ 实现平等中具有不平等

每个创业团队成员由于能力不同和分工不同，承担不同的职责和拥有相应的权力。因此，不是追求简单的职责和权力平等。

⑧ 有公正性

在激励机制上，优秀创业团队会在设计员工的各种奖励机制的时候，将奖励与个人在一个时期内的贡献和工作成绩挂钩，并随时根据实际情况做出调整。

⑨ 实现收获共享

创业企业的成功是每一位团队成员共同努力的结果。当企业发展到一定程度的时候，优秀的创业团队会根据关键员工的贡献程度分配企业收益。

（二）确定企业所有权分配机制

创业团队组建之后，要建立合理的企业所有权分配机制。合理的企业所有权分配机制，能增强创业团队的凝聚力，激励创业团队成员更好地为实现创业目标而奋斗，有利于创业企业的长远发展。在确定企业所有权分配机制过程中，需要注意以下几个问题。

1 树立共享财富的理念

在企业所有权分配问题上，要做到兼顾公平与激励并不容易，但创业者树立“与帮助你创造价值和财富的人一起分享财富”的理念，将使自己不再纠结于持股的百分比问题，而是关注如何把企业做大。毕竟，零的51%还是零。只有把企业做大，创业者才能获得更多财富。蒙牛的创始人牛根生曾在多个场合提到“财聚人散，财散人聚”，说的就是这个道理。

2 重视契约精神

契约精神强调自由、平等、守信。创业团队在成立之初，应重视契约精神，及早把所有权分配方案以公司章程的形式写入法律文件，以契约形式明确创业团队成员之间的利益分配。

3 按照贡献分配所有权

所有权应按照团队成员对企业的长期贡献来分配。在现实中，按照出资额的多少来分配是常见的做法，但不应该忽略没有出资但有关键技术的团队成员对企业的贡献。

4 实现控制权与决策权的统一

企业初创时期，应实现控制权与决策权的统一。拥有股份多的成员在不拥有公司控制权的条件下，更容易去挑战其他成员的决策，甚至是决策者的权威，从而引起团队冲突和矛盾。

（三）建立规范的组织制度

创业团队的组织制度主要包括创业团队的各种激励制度、约束制度和沟通制度。首先，创业团队要通过利益分配方案、考核标准、奖励制度等激励制度，充分调动团队成员的积极性，最大限度地发挥团队成员的作用。其次，创业团队要通过组织条例、财务条例、纪律条例、保密条例等各种约束制度，避免团队成员做出不利于团队发展的行为。最后，创业团队要通过各种积极、高效的沟通制度来维护团队成员间的互信与合作关系。创业团队成员朝夕相处，出现矛盾和摩擦是难免的。但是，不及时处理这些矛盾和摩擦就有可能导致创业团队成员之间的冲突，甚至是创业团队的解体。因此，必须建立有利于创业团队成员之间自由沟通的制度，使团队成员间保持相互理解、相互信任的合作关系。

（四）进行公平公正的利益分配

❶ 综合考虑企业与个人目标

一家企业如果不需要外部资本，就可以不考虑外部股东对报酬问题的态度或影响，不过还是需要考虑其他一些有关事宜。例如，如果一家企业的目标是在未来5—10年获得大量资本收益，那么它就需要针对如何完成这一目标及如何使团队成员长期保持敬业精神来达到这一目标两个方面来制定报酬制度。

❷ 实施合理的分配方案

关于如何分配的问题，目前还没有任何有效的公式可以套用。在制订分配方案时，需要对各团队成员的贡献大小进行衡量，可以重点考虑以下几个方面。

（1）创业思路的提出者

对创业思路提出者的贡献应当予以充分考虑，尤其是为原型产品或服务提供了极为重要的商业机密、特定技术，或者对产品、市场进行了调研的成员。

（2）商业计划的制订者

制订一份优秀的商业计划往往需要花费很多的时间、资金和精力。因此，商业计划制订者的贡献也应该被适当考虑。

（3）具有敬业精神和承担巨大风险者

把大部分个人资产投入企业的团队成员，不但要在企业失败时承担巨大的风险，还要牺牲一定的个人利益、投入大量的时间和精力并接受较低的报酬。因此，应充分考虑员工的敬业精神和所承担的风险。

（4）工作技能、经验、业绩记录或社会关系

团队成员可能为企业带来工作技能、经验、良好的业绩记录，或者在营销、金融、技术等方面的社会关系。这些对于新创企业而言是至关重要的，必须予以考虑。

（5）岗位职责

团队成员在不同的岗位上为企业做贡献，而岗位所需的技能和工作强度各不相同，应该考虑为不同的岗位设置不同的利益分配权重。

❸ 综合考虑分配手段和时机

报酬分配制度往往会在企业发展的第一阶段就被制定出来并加以实施，不过最终报酬应该按个人在企业整个周期内的业绩来定。创业团队可以综合采用月薪、股票期权、红利、额外福利等分配手段。但是，运用上述手段的能力在一定程度上取决于企

业发展的程度。以现金报酬为例，把现金作为报酬分给员工还是留着用于企业发展，这中间存在一个平衡问题。在企业成立的初期阶段，薪金往往需要维持在较低的水平甚至不发薪金，其他红利和福利等则先不做考虑。薪金、红利和福利都要吞噬现金，而在企业盈利之前，现金往往优先用于支持企业的经营和发展。就算在企业盈利之后，现金的支付仍然会制约企业的成长，只有在企业实现盈亏平衡后，薪金的提高才会提高企业的竞争力。至于红利和额外福利，可能还是保持在最低水平比较好，直至企业持续多年获利才可以考虑增加。

（五）建立规范有效的绩效管理体系

很多企业都实行了绩效考核，但基本上都是走形式，没有起到实质性作用。一般来说，较多员工会对企业的绩效管理体系存在一定程度的不满，因此绩效管理不佳也成了企业管理的“致命伤”。

规范有效的绩效管理体系应包含但不限于以下八个方面的内容。

1. 绩效管理的目的

有些企业把绩效考核等同于绩效管理，但绩效管理是指全体员工为了达成企业的战略目标，共同参与制订绩效计划、绩效辅导、绩效考核、绩效面谈、绩效改进的持续循环的过程，而绩效考核只是绩效管理其中的一个环节。企业实行绩效管理到底是为了什么？企业在实行绩效管理前必须对此做出回答，否则绩效管理过程就会出现偏差。“重处罚，轻奖励”是很多企业的绩效管理思路，因而一些企业的绩效考核除了扣钱还是扣钱，偏离了绩效管理的本质。从人性化角度出发，绩效管理的目的是“让员工的收入与付出成正比，达成企业战略目标”，让员工广泛参与成为绩效考核的主体。

2. 岗位说明书

企业组织结构是企业运行的载体和基础。企业确定组织结构后，需要设置相应的岗位，并明确各岗位的工作职责、胜任条件、相应的制度流程等。岗位说明书是将各岗位、流程有机结合在一起的载体，因此制定岗位说明书是人力资源管理最基础的工作。一份完整的岗位说明书是企业招聘、录用员工，对员工进行绩效考核，制定薪酬福利政策，员工培训与开发，员工晋升与发展的依据。因此，岗位说明书是绩效管理体系构建及企业整个人力资源工作的重中之重，企业必须完善岗位说明书的内容。

❸ 绩效计划

绩效计划的主要内容包括：本岗位在本次绩效周期内的工作要项；工作结果的预期目标；在达成目标的过程中可能遇到的困难和障碍；本岗位在完成工作时拥有的权力和可调配的资源；组织能够为员工提供的支持和帮助及沟通方式；等等。绩效计划必须层层分解到部门负责人、每位员工，必须上下级达成一致认同。

❹ 绩效辅导

绩效辅导是绩效管理中占用时间最长的一个环节，却也是绩效管理中最容易被忽视的一个环节。绩效辅导的目的是帮助员工达到绩效目标，增加收入。对于员工能否达到绩效目标，绩效辅导质量的好坏尤为重要。作为领导者，对下属进行绩效辅导是其义不容辞的责任。绩效辅导主要体现在两个方面：一是对员工平时的绩效行为进行监督检查，二是对员工提出合理的要求并给予相关帮助。

❺ 绩效考评

绩效考评是指考评者依据双方接受的考核标准，对员工进行考核，并将考核结果反馈给被考评者的过程。考评者要公开、公正、公平，实事求是地对被考评者进行考核，千万不能歪曲事实，打击报复。考核表单越简单越好，最好是一日一小结、一个月一张表，千万不能为追求形式的丰富而使绩效考评占用太多日常工作时间。大道至简，简单才能高效，这是管理的基本原则。

❻ 绩效面谈

绩效面谈是指绩效考评结束后，被考评者的直接主管与被考评者通过沟通，对绩效考评结果进行确认，找出其优势及不足，并制订相应的改进方案。绩效面谈要“检讨过去、把握现在、展望未来”，即对过去的工作进行总结，发现问题，对现在取得的成绩给予肯定，同时要设定未来绩效目标，实现绩效改善。

❼ 绩效结果

绩效结果可作为培训需求确定、员工岗位调整、员工职务调整、新员工转正、年终奖发放的依据。而很多企业只让绩效结果起到作为发放工资依据的作用，然后就将其束之高阁，这是非常不可取的。绩效结果应起到激励员工的作用。

8. 绩效管理体系设计

绩效管理体系设计的五步法则：

（1）第一步：分解战略目标

绩效考核指标体系的形成过程就是分解企业战略目标的过程，从企业层、部门层到个人层。将指标提炼出来后，要给不同的指标设定不同的权重，设定权重的过程也是一个集思广益的过程。

结合年度经营计划与预算制定的财务指标源自企业战略目标。有的企业只在年初制定了一个财务滞后目标，但没有分解过程目标或缺失现实行为目标，到了年底考核时，实际绩效与目标绩效相差太远，挂在墙壁上的口号目标或写在文件里的数字目标就成了一个摆设。

分解战略目标时，对定性目标的描述要非常清楚，甚至可以把定性目标转化为数字，能量化的尽量量化。

（2）第二步：落实到个人

绩效计划的设计是从公司最高层开始，然后将绩效目标层层分解到各子公司及部门，最终落实到个人。对于各子公司而言，这个步骤即为经营业绩计划过程；而对于员工而言，则为绩效计划过程。

（3）第三步：关注难题

绩效管理过程中的沟通、监管、指导和调整是必修课。不是把绩效考核指标体系一制定，把绩效目标一分解，管理者就可等待捷报频传了。管理者要关注考核过程。有的管理者不想过多涉及过程却不断问下属要结果，结果基本上是大失所望。

（4）第四步："软"着陆

绩效考核的实施方案是保障绩效落地的机制。管理者一定要有推行绩效考核的决心。考核周期太长会使员工的积极性受挫，太短会严重浪费人力、物力、财力。一般来说，定量指标的考核周期要短一些，定性指标的考核周期要长一些。月度、季度、半年度、年度、长期等周期要结合起来，互为补充。数据准确也是绩效考核有信度和效度的保证。为了确保数据收集的常态化、客观化，要把信息收集工作作为员工日常工作的一部分纳入绩效考核指标。对于误差的控制不可掉以轻心，特别要尽量避免偶然误差，尽量做到理性、公正、客观。

（5）第五步：绩效结果应用

绩效结果的应用是绩效管理真正起作用的最后一跃。前面花了很多时间、精力来做铺垫，如果最后一个阶段不能真正落到实处，就像一万米长跑到最后一百米停下来一样。对数据的分析可以借助于数据分析软件，画出形象化的图、表，让绩效考核结果一目了然且具有说服力。员工如果不知道考核结果是怎么出来的，就会产生怀疑。这时候绩效面谈就要发挥作用，对员工的成绩加以肯定，同时指出其不足，进一步制订改进方案。考核结果不与薪酬、晋升等挂钩就不能真正起到激励作用。将考核结果与绩效工资与年终奖联系起来，在一定程度上可以保证绩效考核价值落到实处。

（六）创业团队管理优化

创业的成功率极低，其中失败的重要原因之一便是团队管理不当。以下是创业团队管理优化的相关措施。

1. 与热爱事业的人一起工作，而不是爱钱的人

为什么是热爱“事业”而不是热爱“公司”？因为创业团队成员应该是一群有共同事业追求的人。他们所做的一切都是为了支持这项事业。创业者要定义自己的事业，然后吸引那些志同道合的人加入。

2. 推动团队行动整齐一致

虽然创业团队成员相信彼此都在完成着同样的目标，但这并不意味着他们不打算从不同的方向来完成这个相同的目标。正因为如此，团队行动就需要保持一致。向同一个方向共同努力会比各自为政更容易成功。组队并行，对准方向，团队既要保持内部行动的一致，对外又要有面对客户的统一流程。

3. 减少不必要的繁文缛节

如果按照大型企业的模式来做所有的事情，创业团队最终会意识到他们的企业不是一家大型企业，不能创造并维持很多复杂的流程，并且有许多庞大的流程实际上是非常低效的。

创业团队需要自问一下企业有没有不必要的烦琐程序，如果有的话，尽量减少它。

4. 确保团队成员坦诚地反馈，且提出富有建设性的建议

如果没有团队成员去做有挑战性的事，如果领导者正在扼杀员工的创造力和创新性，那么就不会有一个积极拼搏的团队。领导者需要鼓励员工多产生多元的思维和方法，尤其是那些富有经验并有娴熟技能的员工。只要他们的反馈是专业的、经过深思熟虑的，且有利于团队的发展，领导者就应该积极接纳。

5. 集中目标，抓大放小

在设定目标时应把精力集中在不多的几项工作上，而不应该撒大网捞小鱼。如果设定太多目标，团队成员会根本无从下手。如果团队制定了合理目标，团队成员就不需要做过多判断，就可以少走弯路。

6. 保持稳定而集中的沟通

对于一个团队来说，稳定的沟通非常重要。不管是电子邮件、电话会议、面对面会议还是网络会议，有开放的沟通渠道对于企业的成功至关重要。

二、创业团队管理的原则

（一）适度集权与分权

创业团队必须做好集权与分权，否则创业就成了伪命题。集权与分权的本质是确保团队有效协同和高效运转，设定合理对等的责任、权力和利益是基本原则。集权要有规则，分权需要程序，授权要有章法，行使权力要适度。

首先，创业项目是有目标和实现周期的，需要统一战略思想，管控资金和资源，对关键成员进行任免，这是集权的核心内容。集权引领方向，设定目标和建立规则是将最重要的工作集中管理，避免项目实施中出现管控偏差风险。集权过重会影响团队成员的信心、企业文化和团队成员的工作效率，但集权过轻又容易出现失控的情况，因此需要完善有效的运营体系来保驾护航，如健全的管理制度和业务流程、有效且不可逾越的监管机制。

其次，在既定责权范围内严格遵照程序分权，需要考虑以下几个关键问题：一是必须有清晰有效的组织机构，这是对权、责、利的规范；二是团队成员能力要足够强，否则分权就有风险；三是团队成员要有一致的价值观和愿景。这三点是分权的基本点。分权的本意是发挥每个人的价值，通过授权激励和奖励等手段来完成创业目标。但分权并不是分工，而是一种从属，集权在前、分权在后，集权为主、分权为辅。比如股东会、合伙人团队等决策层做集权管理时，事业部或部门负责人是分权一方。总部会对经营目标和财务预算执行、审计和服务等进行强化考核，而事业部可以在既定计划内自主决定人员任免和奖励分配。

最后，集权和分权都要在授权范围内进行，并要处于监管之下，集权和分权其实都是一种授权，但其对创业项目的贡献有所差别。集权一方一般为总部或创始团队，拥有的是企业授予的权力。分权一方为分部或被考核的一方，拥有的是总部授予的权力。不过权力无论大小都不能滥用，都需要监管。

（二）充分沟通

创业团队内部良好的沟通文化可以使所有成员真实地感受到沟通的快乐和效果。加强团队内部的沟通管理，既可以使管理层工作更加轻松，也可以使团队成员大幅度提高工作绩效，同时还可以增强团队的凝聚力和竞争力。那么，创业团队成员应该如何沟通？应注意什么？有哪些技巧？

1 沟通的唯一目的是实现工作目标

工作沟通的关键是目标沟通。一个企业一定存在不同利益、不同知识结构、不同工作方法、不同性格、不同喜好的人，然而我们正是要让这样一个群体去协同完成工作。因此，目标沟通就是要让大家对工作目标达成一致，对共同的利益达成一致。

2 沟通的方式——用态度、方法、工具沟通

沟通有一个前提就是双方互相认可，否则所有的沟通都将是无效的。持有原意沟通的态度是进行有效沟通的前提，同时要有方法，学会换位思考，用对方可以理解的场景去传递信息，如打比方、讲故事等。

一家管理良好的企业会有各式各样的表单及 ERP 系统，这些表单、ERP 系统就是较好的沟通工具，这些工具将沟通行为抽象化、规范化，最终达到管理沟通的目的。

3 上下级沟通的原则——最小化、可执行

上级向下级传递指令是需要技巧的。向下传递指令有两个前提：第一个前提是下发指令者具有工作任务分解能力，第二个前提是下发指令者对被命令者的能力与背景有一定的了解。

当下级对上级所下发指令的部分细节无法理解时，上级必须进行指令细节分解，一直分解到下级理解为止。当下级能力有所提升时，上级布置任务就不必再分解细节了。

4 会议沟通的核心原则——一切围绕中心议题展开

很多企业都存在这样的问题：频繁开会，却讨论不出结果，问题没解决，倒耽误了很多工作时间。所以，会议沟通的核心原则应为“一切围绕议题中心展开”。

学会开会，就是首先要问自己“我要通过会议解决什么问题？达到什么结果？”。要学会通过召开会议解决团队的协作问题，解决团队的摩擦问题，解决团队的利益分配问题，最终将团队的目标统一。

5. 不同岗位之间的沟通原则——找准接口

经常出现这样的问题，即不同岗位之间沟通时经常互相不理解对方的需求，沟通起来很困难。其实我们只需学会换位思考，用对方能听得懂的语言去描述，用对方所关心的利益去诱导，对方就很容易理解我们所表达的意思。

例如，产品经理只需告诉程序员需要的技术结果和技术指标是什么。再比如，销售员只需告诉客户自己提供的产品能带来什么好处。

6. 部门之间的沟通原则——利益均衡

我们经常会为了自己部门的利益而忽略了配合部门的感受，甚至将其他部门的不配合举动归因为人品问题。其实，部门之间沟通的关键仍然是目标沟通。

沟通就是要说明为了达到这个目标大家的付出与收益是什么，说白了就是利益的均衡。正确的做法就是当面说，开会说，不要背后说。高管的处理方式应当是，对于冲突，保持沉默，在公开的情况下，对双方进行裁决。

7. 合伙人之间的沟通原则——相互理解、相互约束、相互帮助

其一，对于合伙人的观点，不要批评，更不要攻击，否则只会使事情恶化。只有给予对方尊重，才能进行沟通，即使对方的想法是错误的，也绝不要讥讽，更不要口出恶言伤人。

其二，要理性地沟通。在与合伙人交流观点时，一定不要过于激动或冲动，因为人一旦冲动，就会思维混乱，充满个人情绪，处于不理性状态。在这种情况下，只有争执，不会有结果，更不可能有好结果。

其三，要反省。人无完人，任何人都有缺点和不足。既然创业者选定某人为合伙人，那么说明其合伙人也不是一无是处，他肯定有长处，他提出的观点肯定也有可取之处。反过来，自认为很在理可能只是错觉。

（三）有效激励

激励员工留在创业企业可能比让他们坚持待在一家老牌公司更困难。财务资源缺乏、人力资源缺乏、来自固定公司的竞争及公司未来的不确定性都可能导致创业企业的员工流失。面对这一挑战，制订一个计划来保持团队健康发展才是明智的。以下策

略可以帮助保持创业企业员工的积极性，帮助创业企业发展壮大。

❶ 激励与补偿

获得薪酬显然是员工工作的主要动力。低薪是员工离职的主要诱因。并不是所有的创业企业都可以承受高额的薪酬，但可以有一些替代方案。一是提供津贴和晋升机会，这是最有力的激励措施之一。二是向员工提供公司股票形式的未来薪酬或奖金。

❷ 创建灵活的工作环境

随着越来越多的工作可以在家中完成，许多员工都很有动力在家工作或按照灵活的时间表工作。除了远程工作外，创业企业还可以提供其他更具灵活性的工作。例如，给员工提供各种可选择的度假，允许他们尽可能多地享受生活，这是一种可以在容易衡量生产力并且雇主对员工高度信任的环境中工作的特权。可使用“仅结果工作环境”（ROWE）模式，其中工作人员的产出是通过绩效来衡量的，而不是通过实际在办公室存在或工作的小时数来衡量的。

❸ 促进员工合作

促进员工合作是激励员工的另一个关键。促进员工合作的最佳方式是将合作有机地融入公司的工作流程中。例如，将视频聊天功能融入公司的通信工具可促进员工之间的面对面交流。使用开放式布局办公室而不是小隔间、奖励协作和支持公司内部的社交网络发展是促进员工合作的其他策略。

学习链接

微课：管理创业团队

知识卡片

团队精神

创业团队的凝聚力来自团队精神。优秀的创业团队领导者能够建立并延续团队的创业精神，主要体现在以下四个方面。

1. 集体创新

团队成员相互依赖，形成有利于企业成长的相互信任的心理契约关系，在此基础上凝聚团队力量，共同推动创新方案的形成和创业决策的制定与执行。

2. 分享认知

创业机会是企业家精神的逻辑起点，识别创业机会是创造超额利润的前提。与个体创业者相比，创业团队能够更好地识别创业机会。这是因为异质性的创业团队成员对于外部客观环境存在不同的认知，具有集体意义上的综合警觉性，能够从不同的角度科学评估创业机会和计划，保持对外部创业机会的科学客观评估。创业团队还能整合并共享社会关系网络，在组织建立、企业成长、利益分配等方面为把握创业机会，提供相应资源，共同奠定资源基础。

3. 共担风险

创业过程伴随着风险的识别、评估和处理。具有企业家精神的创业团队能够基于团队成员各异的知识背景评估企业面临的风险，将不同的风险偏好进行整合。在就风险偏好达成共识的过程中，团队成员从自身的知识视野认知、分析和评价风险，完善风险的应对策略，从而提高风险感知的正确性，增加冒险成功的可能性。同时，团队成员以积极的姿态共同承担风险，减轻个体承担风险的巨大精神压力和经济损失压力。

4. 协作进取

创业团队的进取力量往往建立在协作的基础上，体现为三个方面：其一，团队成员在知识、能力、角色等方面具有互补性，形成不同的观点，从不同的角度分析创业决策，避免决策失误；其二，团队成员在沟通中逐步形成学习型氛围，在深度交流中实现个体的价值，共同构建团队的价值取向；其三，形成创业型组织文化，这有利于在团队成员变动中保持团队协作进取的愿望和行为。

创业团队的治理模式

创业团队的治理模式关系着控制权和所有权的分配。

在创业团队组建之初，由于资源匮乏、团队成员在创业活动中的贡献不明确、创业绩效不显著等，创业团队治理更倚重关系治理模式。创业团队领导者在团队中居于核心位置，需要创造力和沟通能力来挖掘问题，掌握关键要素；还需要通过高超的领导力，协调异质团队成员之间的关系，调动团队成员的积极性和主动性，从而使创业活动顺利开展并取得实效。

随着创业活动的开展，新创企业的组织形式逐渐规范，团队成员的资源、能力和贡献逐步趋于分化，仅靠关系治理维系创业团队的凝聚力就变得捉襟见肘，需要引入规范的契约治理模式。在契约治理模式下，创业团队逐步演化为新创企业的股东会或董事会。创业团队股权分配是一个非常敏感的问题，既关系到创业利益的分配，也关系到控制权，需要在公平和激励之间做出平衡。在确定所有权分配时，为了避免后续纠纷和冲突，创业者首先应当重视契约精神，在创业之初，就把所有权分配方案写入公司章程，明确团队成员利益分配机制；其次，遵循贡献决定权力的原则分配所有权，特别是对于掌握关键技术的团队成员，要谨慎评估技术的商业价值，合理权衡资金和技术；最后，控制权与决策权相统一，尤其对于创业核心管理团队的股份比例小于出资人的股份比例的情况，需要谨慎合理设计新创企业的决策权分配，避免决策冲突。

冲突管理

由异质成员组成的创业团队，难以避免内外部某些关系的不协调，表现为团队冲突。团队冲突包括认知冲突和情感冲突两大类。

认知冲突是指在企业生产经营管理过程中，团队成员对所出现问题的意见、观点、看法不同所形成的不一致性。认知冲突能够激发团队成员形成和分享不同观点，使团队成员从不同视角看待决策问题，对于提高决策质量是非常有益的。

情感冲突是指创业团队内部的冲突引发成员之间的个人仇恨，会使成员间产生敌对、不信任、冷嘲热讽、回避、冷漠等，从而影响团队成员的心理契约基础，降低团队的有效性。通俗来讲，就是论人不论事。情感冲突会降低决策质量，破坏对成功执行决策的理解，甚至影响团队成员履行义务的意愿，对创新创业发展极为不利。

在创业团队内部管理中，要尽可能避免情感冲突，要使用激励手段鼓励认知冲突，让团队成员感受到知识分享和意见碰撞产生的火花，共享创业成功的收益和价值。在制订激励方案时，要关注业绩的差异，以合理的薪酬制度反映差异化的贡献，并通过灵活性的薪酬制度调整机制，使团队成员感受到公平。

绝大多数创业团队的分裂源于冲突。创业者一定要学会管理冲突，“和而不同”可能是最好的态度。首先，冲突是不可避免的，也不是坏事，创业者要创造人人敢说真话的大环境；其次，发生了冲突不要回避，各方务必要充分表达观点，在尊重各方利益的基础上去追求双赢或妥协，但绝对不要逃避或强求。

创新创业实例

被称为“云南最年轻的总裁”的李腾的创新创业教育之路

李腾，男，1991 年出生于江西赣州宁都县，为云南经贸外事职业学院毕业生，现任昆明混沌股权投资基金管理有限公司董事长、云南大腾农业信息服务有限公司董事长，24岁时资产已经过亿元。究竟是什么让这个家境普通的“90后”成长为一位年轻的总裁，拥有数亿元资产，后领导300余人的团队，其公司稳定发展出30余家分公司？让我们跟随李腾在云南经贸外事职业学院学习、成长的线索探究背后的原因。

（一）李腾的创业历程

1. 创新创业指导课——埋下创业的种子

云南经贸外事职业学院于2014年在各个专业均开设创新创业指导课，将创新创业指导课纳入职业教育体系。学生通过在创新创业指导课上的学习，了解创业的方法、创业需要做的准备等理论知识。教师不但教授创业理论，还使用积极教学法，结合大学生创业成功的案例指导学生收集信息、确定创业目标、制订创业计划、实施创业计划。教学过程追求多样性，实践活动与教学过程并重，因此这门课程深受学生喜爱，学生出勤率长期保持在99.5%以上。

李腾非常喜欢创新创业指导课，通过对这门课程的学习开始思考自己所学专业与其他学科的交流和融合，创新创业指导课在李腾的心里埋下了一颗创业的种子。他开始广泛参与社会实践，利用课余时间勤工俭学，做过新生接待、电话营销等工作。在勤工俭学期间，他思维活跃，善于发现商机，也尝试过创业：开网络推广工作室，进军旅游业，成立广告工作室，成立礼仪庆典公司。然而仅凭对创业的一腔热忱和所掌握的创业基础理论，没有章法地乱闯，可以积累创业经验，但要创业成功很难。遭受创业四连败，李腾一度消沉，甚至想到放弃。

2. 校企一体化工学结合实践——创业路上的重要转折点

伴随着创业之路的跌宕起伏，转眼间，李腾的大学时光到了大二下学期。云南经贸外事职业教育集团按照校企一体化办学教学安排，每年都会挑选云南经贸外事职业教育集团中适合学生进行工学结合的企业，并安排学生到这些企业进行工学结合形式的社会实践，李腾也开始进入云南银雁金融外包服务有限公司（现名云南银雁信息技术服务有限公司）进行工学结合形式的社会实践，这成为李腾创业路上的一个重要转折点。

在工学结合实践期间，李腾认真学习白银、黄金等贵金属的投资方法，以及进行实物、白银、纸白银及所在公司产品之间的优势、劣势分析，通过对比来把握公司产品的优势。了解了公司的产品特点和运营模式后，结合自己曾经在网络推广工作室做电话营销的经验，李腾的业绩开始增长，客户慢慢地多了起来，甚至超过了部分老员工。在金融公司工学结合的实践经历让李腾第一次正式地经历职场环境，这为日后他的创业成功奠定了坚实的基础。在业务能力稳步提升后，压抑在李腾内心深处的创业欲望再次涌动，创业的种子再次发芽。时间到了大学第三学年，一直坚持创业梦想的李腾，决心离开金融公司自己创业——成立个人理财工作室。工作室成立后的第一个月，依靠从原来的金融公司转过来的几位老客户的支持，刚开始工作室就处于盈利的局面，李腾庆幸自己终于做了正确的选择。

3. 入驻创业孵化园——助创新创业人才一臂之力

在省级创业平台建设资金支持下，云南经贸外事职业学院创业孵化园建成。创业孵化园聚集了一大批有想法、有创业梦想的青年大学生创业者。

此时李腾服务的客户都不同程度地出现了亏损，甚至有部分客户不但把在原来金融公司赚到的钱全部亏掉了，连本金也出现了亏损，几个老客户在商议要退出业务经营。这下可急坏了李腾，这些客户是理财工作室的支撑，如果他们不再投资，那么李腾的第五次创业又要以失败告终！

这时云南经贸外事职业学院创业孵化园的创业指导教师找到了李腾，对李腾的创业过程进行跟踪回访，帮助他分析出现问题的原因，为李腾找到了理财工作室客户出现亏损的症结所在。后来，李腾成立的昆明混沌股权投资基金管理有限公司取得了昆明市私募基金的资格。这意味着创业成功后的李腾，其事业正如日中天地朝着更高水平、更专业的领域迈进。

（二）李腾的成就

1. 事业上的成功

李腾创办了昆明混沌股权投资基金管理有限公司、云南大腾投资控股集团有限公司，是云南省江西商会副会长。他拥有数亿元资产，其公司稳定发展出 30 余家分公司，直接带动就业人数达到 1 000 多人。17 岁时他就开始创业，21 岁时被誉为“云南最年轻总裁”。

2. 引领创业风潮

创业是极具挑战性的社会活动，是对创业者自身智慧、能力、气魄、胆识的全方位考验。在李腾的激励下，很多学生萌发了创业的念头。如国际贸易与经济专业学生饶金城，现任昆明城榆商贸有限公司董事长、云南饶榆劳务派遣有限公司总经理，其公司创造商业价值 150 多万元，带动就业 70 余人；计算机应用技术专业学生张涛，现任云南古朔文化传播有限公司总经理，其公司创造商业价值 100 多万元，带动就业 50 余人；机械制造与自动化专业学生赖永彬，现任云南浮现科技有限公司总经理，公司创造商业价值 70 多万元，带动就业 30 余人。他们创业成功是有经验可借鉴的。

云南经贸外事职业学院通过贯彻校企一体化办学促进创新创业人才培养，探索“校企合作、工学结合”的人才培养模式，积极构建产教融合人才培养体制机制，强化学生岗位实践能力培养，以真实的工作场景、真实的生产任务、真实的生产过程和真实的产品为载体，全面实施“实景育人”和校企协同育人，使学生具有在自主创业中所需要的知识与技能，提高学生未来岗位适应能力。

李腾作为一名云南经贸外事职业学院的优秀毕业生、成功的创业者，其创业事迹被人津津乐道。他的成功看似偶然，实则必然；他的成功是在国家大力倡导职业教育的大背景下大学生创新创业能力得到培养的生动体现，是职教集团校企协同培养创新创业人才的成果。

想一想：

1. 李腾成功的秘诀是什么？
2. 云南经贸外事职业学院的创新创业教育对李腾的帮助体现在哪些方面？

实训任务

重组西天取经团队

任务描述：重组西天取经团队。请以小组为单位，各小组自由讨论以下三个问题并做好记录。		
问题 1	请从创业团队组建的角度分析原西天取经团队的成功之处。	
问题 2	对于西天取经团队的五个人物，如果由你来给他们分配相应的班委职位，你会怎么分配？	
问题 3	如果重新组建西天取经团队，你会如何组建？为什么？	

延伸思考

1. 你认为对于创业团队的组建，最重要的影响因素是什么？
2. 如果参加“互联网+”创业大赛，你打算怎么组建你的团队？

模块四 识别与评价创业机会

知识目标

★ 了解与知道

1. 创业机会的来源与特征；
2. 创业机会识别的内容；
3. 创业机会评价的标准。

★ 理解与熟悉

1. 识别创业机会的方法；
2. 评价创业机会的方法。

★ 掌握与应用

理性寻找与分析适合自己的创业机会与创业项目。

任务 1 创业机会概述

创业机会是创业的核心要素，但并不是所有的想法或创意都能被称为创业机会。因此，有效识别创业机会是成功创业的第一步。基于此，在讨论如何创业之前，所有的创业者都应当明确：什么机会属于创业机会？创业机会从哪里来？应该采用什么样的方法和策略识别创业机会？

一、创业机会的内涵与特征

从本质上看，创业就是发现和利用有利可图的市场机会，将这个机会转化为能持续为顾客创造和增加价值的商业活动。

创业机会的特征可被视为具有商业投资价值的潜在机会的标志。对于创业者而言，创业机会只有具备这些独特的标志，才具有资源投入和深入开发的价值。把握创业机会的特征，是创业者了解创业机会的前提。创业机会的特征体现在以下几个方面。

❶ 普遍性

凡是有市场、有经营的地方，客观上就存在着创业机会。创业机会普遍存在于各种经营活动过程之中。值得注意的是，创业机会提供的产品或服务，必须能够满足顾客的某种潜在需求，给顾客带来价值。

❷ 偶然性

对于一个企业来说，创业机会的发现和捕捉有很大的不确定性，任何创业机会的产生都有“意外”因素。

❸ 消逝性

创业机会存在于一定的时间范围之内，随着客观条件的变化，创业机会就会相应消失。也就是说，创业机会必须在其存续的时间内被发现和利用，这个存续的时间是将商业想法推广到市场所花费的时间。越早发现创业机会并早日进行创业，创业成功的可能性就越大。

知识卡片

关于创业机会特征的观点

1. 蒂蒙斯的观点

美国创业教育之父蒂蒙斯认为，创业机会应该具备以下特征：

① 为顾客或最终用户创造或增加极大的价值。

② 能够解决现实存在的重要问题，或者满足某方面的重要需求，使得特定群体愿意溢价付费。

③ 市场需求量大，利润较高。

④ 市场中的风险与回报能达到平衡。

蒂蒙斯的观点为正确认识创业机会提供了一个很好的切入点，即新企业的起点是商机，更进一步看实际上是客户、市场和行业现状。同时，该观点还为创业者是否应实施创业行为提供了一种量化考核方式，帮助创业者从行业和市场、竞争优势、经济效益、风险评估等方面对创业机会进行判断。

2. 谢恩和文卡塔拉曼的观点

谢恩和文卡塔拉曼从创业的本质和根源入手探讨创业机会的特征。他们认为，创业应当致力创造新事物，包括新产品、新服务、新市场、新生产流程、新原材料及新技术，而识别创业机会就是辨别创造这些新事物的可能性及被创业者开发和运用的可能性。该观点首先将创业视为由特定个体开展的一种活动，然后在此基础上探讨如何识别能够创造价值的机会、在实际商业中是否具有开发的可能性、能够创造的持续利润是多少，以及在实际利用或开发该机会的过程中所包含的活动有哪些。

3. 马林斯的观点

马林斯围绕“我的机会能否成功？为什么？”这一问题，提出了一个用于测评创业价值的有效模型。该模型共分为客观因素和主观因素两大类。其中，客观因素包括行业吸引力、市场吸引力、目标市场利润吸引力和可持续竞争优势四个方面；主观因素包括团队使命、个人志向、冒险倾向，执行关键任务的能力及价值链关系网络三个方面。

二、创业机会的来源

（一）个人角度

从个人的角度出发，创业想法产生的来源有以下两种。

1 个人的爱好和兴趣

爱好和兴趣指向人们在业余时间特别喜欢的活动。很多人通过追求爱好或兴趣，产生了创业想法。爱好和兴趣，有的与生俱来，有的后天养成，都是潜藏在自身的某种特质的外在表现，可以成为生命存在的形式，也可以成为事业目标。比如，音乐家将音符作为生命存在的形式，作家将文字作为生命存在的形式。有了兴趣项目，人们便可在其中发挥才智和创造力，演绎生命的精彩，幸福与成就也就有可能被合二为一。爱好或兴趣若变成创业机会，就会成为生活的内容与生存状态。

兴趣和爱好，也可能是创业者的优势，也就是创业者所具有的强项、特长和某种资源。只要具有一定优势，就可以成为创业机会。如何确定优势呢？与别人比，自己有的而别人没有，自己突出的而别人很一般；与自己比，自己能够做好的事情有哪些，其中哪件是做得最好的。

❷ 个人的技能和经验

一半以上的创业想法来源于工作经验。创业者的职业背景在决定创办企业及确定企业类型的过程中扮演了至关重要的角色。技能和经验是最重要的资源，不但体现在产生想法方面，还体现在如何利用这些想法方面。对于生活中看到、听到、接触到的某些事物，去联想它的商业价值，体现出一种敏感性。敏感是商业意义上的聪慧和灵敏。敏感的基础性因素是基于商业历练中经验的积累而产生的识别商业价值的眼力；直接因素是创业的想法长期萦绕在心头而形成的一种潜意识，这种潜意识若在偶然中与某个现象发生碰撞，一个新的项目就产生了。

目力所及大、见识所及多、思维所及宽，创业机会自然会产生。眼界广者其成就必大，眼界狭者其作为必小。目力所及的范围太小、见识所及的事物太少、思维所及的领域太窄，创造的能力就被创造发生的元素之贫乏限制了。

（二）未被解决的问题

创业的根本目的是满足顾客需求，而顾客需求在没有被满足前之就是未被解决的问题，就是痛点。由于以往不具备技术条件，或者企业对细分市场不够重视，市场上可能存在一些未被充分满足和重视的潜在需求。寻找创业机会的一个重要途径是去发现自己和他人在需求方面的问题或生活中的难处，有效地识别和锁定这些未被重视的细分市场。比如，上海有一位大学毕业生发现远在郊区的本校师生往返市区交通十分不便，于是创办了一家客运公司，这就是把问题转化为创业机会的成功案例。

（三）外部环境的变化

创业机会大多产生于不断变化的市场环境，环境变了，市场需求、市场结构必然发生变化。著名管理大师彼得·德鲁克将创业者定义为能寻找变化，并积极反应，把它当作机会充分利用起来的人。这种变化主要来自产业结构的变动、消费结构的升级、城市化的加速、人们思想观念的改变、政府政策的改变、人口结构的改变、居民收入水平的提高、全球化趋势等方面。比如，随着居民收入水平的提高，私人轿车的拥有量将不断增加，这就会派生出汽车销售、修理、配件、清洁、装潢、代驾及二手车交易等诸多领域的创业机会。

（四）新的创造发明

创造发明提供了新产品、新服务，更好地满足了顾客需求，同时也带来了创业机会。比如，随着电脑的诞生，电脑维修、软件开发、电脑操作培训、图文制作、信息服务、网上开店等创业机会随之而来，即使你不发明新的东西，你也能成为销售和推广新产品的人，从而发现商机。

（五）竞争对手的缺陷

多数技术的出现，对人类都既有利又有弊。这会迫使人们为消除新技术的弊端，再去开发新技术并使其商业化，从而带来新的创业机会。如果你能弥补竞争对手的缺陷和不足，这也将成为你的创业机会。看看你周围的公司，你能比它们更快、更可靠、更便宜地提供产品或服务吗？你能做得更好吗？若能，你也许就找到了创业机会。

（六）新知识、新技术的产生

当某一领域出现了新的科技突破和技术，并且它们足以替代某些旧技术时，创业机会就来了。具有新功能、新技术的新产品无疑对消费者具有更大的吸引力，当消费者认可这些新功能并愿意为其支付溢价时，对于创业者而言就是创业良机。

学习链接

微课：识别创业机会

创新创业实例

杨晓东和他的“小白甜影像工作室”

杨晓东，1998 年出生，为云南经贸外事职业学院学生。由于从小对摄影有着特殊情感，杨晓东选择了视觉传播设计与制作专业。2017 年，他着手准备成立摄影工作室，那时学校创业孵化园还未建成，他打算在学校附近成立工作室。但经过市场调研、场地选择后，由于资金问题，他暂时搁置了创业计划，因为学校周边的房租并不便宜。

后来，创业孵化园建成，学校准备遴选一批优质学生创业项目进入创业孵化园。杨晓东觉得，他的项目要是能入驻创业孵化园，不但能解决资金上的问题，还能得到老师的大力帮助，他就能利用学校的资源完成自己的梦想。于是，他找到了王蒙老师，和王蒙老师说了他的想法，王蒙老师仔细帮他修改创业计划书，并为他的项目入驻创业孵化园做准备。后来他的“小白甜影像工作室”项目成功入围，成为第一批入驻创业孵化园的项目，并在2018年4月中旬开始营业。

杨晓东最初的想法是做一个传统的图文工作室，承接打印复印、设计、低端证件照拍摄等传统业务。但是，这样的项目毫无创新性可言，且学校内外有多家业务相同的工作室，这显然不符合既要创业又要创新的要求。此时，工作室的成员也进行了一场头脑风暴，主题是“与平面、设计相关的业务到底有哪些创新形式”。最终有一个想法得到了多数成员的赞成——制作最美证件照，也就是高端证件照。明确了方向后，他们开始了紧张有序的调研工作，在网上搜集资料，了解其他省份高端证件照工作室的情况，走访云南省的高端证件照工作室。调研的主要内容涉及直接关系到利润的业务量、价位、资金投入、技术投入，以及市场对这些工作室的反应等。在经过多次项目论证、试验后，杨晓东的项目最终顺利通过了学校创新创业教育办公室组织的项目评审会。

杨晓东的项目的落地流程主要分为以下三个部分：

第一部分是设备采购。此任务由指导教师分配给比较懂电子设备的一个成员负责，采购人员在规格的选择、产品的购买方面都咨询过指导教师，并实时向项目组汇报，征询其他成员对设备的看法。

第二部分是装修。整体风格由指导教师确定，具体的布置及安排则交给视觉传播设计与制作专业的两名学生。一名学生负责整体装修风格的统一及3D效果图的输出，另一名学生负责根据装修风格及效果图督促乙方装修队施工，以及采购软装设备。

第三部分是服务标准技术流程的建立及人员培训。此任务由曾经建立摄影工作室的指导教师及项目学生负责人完成。

对于整个流程及项目的落地，指导教师付出了极大的努力，通过对任务的合理分解，他们提前完成了项目的落地，比预期的45天整整缩短了23天。

杨晓东的“小白甜影像工作室”不仅与目前学校内及周边存在的传统图文工作室存在区别，而且在高端证件照领域找到了属于自己的卖点。

他们还形成了一整套分为17个步骤的项目服务技术流程，可以在短时间内对项目进行复制，以求实现业务扩张，便于管理、培训等。指导教师指导学生在实际创业过程中建立了一套标准、可复制、可更改、开放式的模板。

基于高品质、重售后的工作标准，“小白甜影像工作室”的市场满意度高达95%，开业当月实现收入约2万元，第一个季度实现收入6万元。

想一想：

1. 杨晓东是如何发现创业机会的？
2. 杨晓东为什么能够创业成功？

任务 2 创业机会的识别与分类

一、创业机会的识别

创业过程始于创业者对创业机会的感知和认识。创业者在纷繁复杂的创业线索中寻找、选择他们主观上认为适合的创业机会，通过资源投入进行机会开发，推动新创企业的创建，直至最终获得成功。

（一）创业机会识别的特殊性

与一般企业家或管理者寻找商机不同，创业者对创业机会的识别具有一定的特殊性。这主要表现在以下几个方面。

1. 创业机会识别关注的是特殊的商机

虽然创业机会也以商机为基础，即创业机会应该含有一定的市场规模、较大的利润空间及能为顾客带来价值，但是创业机会所要求的商机并不是昙花一现、短时期内可盈利的市场机会，而是具有可持续性、在较长时间内能够不断增长的需求。此外，创业机会对创业者的创意提出了较高要求，与成熟企业甚至跨国企业相比，创业者难以通过低成本优势或差异化优势从竞争者手中夺取市场份额，只能通过相应的创意为客户创造价值。

2. 创业机会识别具有复杂性

创业机会由适当的商机、有价值的创意、可得的资源和团队能力等要素构成。因此，具有比一般商机更复杂的内在结构，这也决定了创业机会的识别是一个反复探索的过程，即创业者很难经过简单的决策程序就识别出创业机会。识别创业机会的过程一般体现为：创业者选择具有潜在创业机会的细分市场，对细分市场中的顾客群体、竞争对手、现有产品或服务等因素进行深入调研，并将调研结果与自己的创意相比较。结合创业机会的构成要素对创意、市场价值、可利用的资源和团队构成之间的匹配程度进行考察论证，判断创业团队是否具备实施创业活动的条件。将前两个步骤的分析结果再次进行对比分析，或对初始创意进行调整，或对目标细分市场进行重新选择，以确保创业机会识别结果的科学性与合理性。

❸ 创业机会识别是将冲动创业转变为理性创业的关键环节

创业者仅凭创业的冲动与热情很难取得成功，在对创业机会进行识别的过程中，创业者原有的冲动和热情会逐渐转变为理智，体现为对潜在商业机会的客观评价。假如还没有发现适当的创业机会，即从一般性商机出发，对创业行为和结果进行评估，创业者一方面可能因为考虑不慎遇到强有力的竞争对手，另一方面可能看到的只是一个短暂的商业机会，创业还没有实质性起步，该商业机会就已经消失。无论哪种结果都会导致创业者被淘汰出局。因此，创业机会识别的过程，实际上也是创业者理智对待创业行为的过程。

（二）创业机会识别的领域

❶ 现有市场机会

市场机会中那些明显未被满足的市场需求被称为现有市场机会，现有市场机会表现明显，往往发现者多，进入者也多，竞争势必激烈。在机会识别阶段，创业者需要弄清楚机会在哪里和怎样去寻找。对于创业者来说，在现有市场中发现创业机会，是很自然和较经济的选择。一方面，现有市场与我们的生活息息相关，创业者能真实地感觉到市场机会的存在；另一方面，由于总有尚未被全部满足的需求，在现有市场中创业，能减少机会的搜寻成本，降低创业风险，有利于成功创业。现有市场机会存在于不完全竞争下的市场空隙、规模经济下的市场空间、企业集群下的市场空缺等。

❷ 潜在市场机会

市场机会中那些隐藏在现有需求背后的、未被满足的市场需求被称为潜在市场机会。潜在市场机会不易被发现，识别难度大，往往蕴藏着极大的商机。潜在市场机会来自新科技的应用和大众需求的多样化等。成功的创业者能敏锐地感知市场大众的需求变化，并能够从中捕捉市场机会。新科技的应用可能改变人们的工作和生活方式，产生新的市场机会，比如通信技术的发展，使人们在家里办公成为可能；互联网的出现，改变了人们工作、生活、交友的方式；网络游戏的出现，使成千上万的人对其痴迷；网上购物、网络教育的快速发展，使信息的获取和共享日益重要。在细分市场里，也可以发掘尚未被满足的潜在市场需求。一方面，要根据消费潮流的变化，捕捉可能出现的市场机会；另一方面，要根据消费者的心理，通过产品和服务的创新，引导需求并满足需求，从而创造一个全新的市场。

3. 衍生的市场机会

衍生的市场机会来自经济活动的多样化和产业结构的调整等方面。

首先，经济活动的多样化为创业拓展了新途径。一方面，第三产业的发展为中小企业提供了非常多的成长点。现代社会，人们对信息、咨询、文化、教育、金融、运输、娱乐等行业提出了更多的需求，从而使社会经济活动中的第三产业日益发展。由于第三产业一般不需要大规模的设备投资，它的发展为中小企业的经营和发展提供了广阔的空间。另一方面，社会需求的易变性、高级化、多样化和个性化，使产品向优质化、多品种、小批量、更新快等方面发展，也有力地刺激了中小企业的发展。

其次，产业结构的调整与国企改革为创业提供了新契机。产业结构合理的主要标志是能促进各产业部门的协调发展，能合理利用资源，能提供社会需要的产品或服务，能提供劳动力充分就业的机会，能推广应用先进的产业技术，能获得最佳经济效益，等等。在产业结构调整的过程中，国家政策的调整，会产生出很多创业机会。随着国企改革的推进，民营中小企业除了涉足制造业、商贸餐饮服务业、房地产等传统业务领域外，将逐步介入中介服务、生物医药、大型制造等有更多创业机会的领域。

知识卡片

“十四五”规划中的国民经济和社会发展方向

2020 年 10 月，中国共产党第十九届中央委员会第五次全体会议审议通过了《中共中央关于制定国民经济和社会发展第十四个五年规划和二〇三五年远景目标的建议》，明确指出未来我国国民经济发展和社会发展的方向与建议，其中蕴含着诸多创业机会。

第一，发展战略性新兴产业。加快壮大新一代信息技术、生物技术、新能源、新材料、高端装备、新能源汽车、绿色环保及航空航天、海洋装备等产业。推动互联网、大数据、人工智能等同各产业深度融合，推动先进制造业集群发展，构建一批各具特色、优势互补、结构合理的战略性新兴产业增长引擎，培育新技术、新产品、新业态、新模式。

第二，加快发展现代服务业。推动生产性服务业向专业化和价值链高端延伸，推动各类市场主体参与服务供给，加快发展研发设计、现代物流、法律服务等服务业，推动现代服务业同先进制造业、现代农业深度融合，加快推进服务业数字化。推动生活性服务业向高品质和多样化升级，加快发展健康、养老、育幼、文化、旅游、体育、家政、物业等服务业，加强公益性、基础性服务业供给。

第三，加快数字化发展。发展数字经济，推进数字产业化和产业数字化，推动数字经济和实体经济深度融合，打造具有国际竞争力的数字产业集群。加强数字社会、数字政府建设，提升公共服务、社会治理等数字化智能化水平。

第四，全面促进消费。增强消费对经济发展的基础性作用，顺应消费升级趋势，提升传统消费，培育新型消费，适当增加公共消费。健全现代流通体系，发展无接触交易服务，降低企业流通成本，促进线上线下消费融合发展，开拓城乡消费市场。

第五，全面推进健康中国建设。坚持中西医并重，大力发展中医药事业。提升健康教育、慢病管理和残疾康复服务质量，重视精神卫生和心理健康。深入开展爱国卫生运动，促进全民养成文明健康生活方式。完善全民健身公共服务体系。加快发展健康产业。

第六，实施积极应对人口老龄化国家战略。推动养老事业和养老产业协同发展，健全基本养老服务体系，发展普惠型养老服务和互助性养老，支持家庭承担养老功能，培育养老新业态，构建居家社区机构相协调、医养康养相结合的养老服务体系，健全养老服务综合监管制度。

二、创业机会的分类

（一）根据创业机会的来源分类

创业者决定开展创业项目或创建新企业之前，首先要考虑的问题应该是：创业机会来自哪里？很多创业者在寻找创业机会时，习惯性地把注意力集中在产品市场，希望能够在产品市场中找到创业的可能性。但创业机会是具有利润潜力的新商业，创业情境中技术、经济、政治、社会和人口条件变化都具有创造新事物和新价值的潜力。由此可以看出，创业机会应该有多种来源，结合已有研究观点，本书按创业机会的来源将创业机会划分为以下三类。

1. 技术机会

创业研究者一致认为，技术变革和技术创新是有价值创业机会的最重要来源。来自技术变化的创业机会帮助无数创业者实现了创建新企业的梦想。究其原因，在于技术变化可以使人们去做以前不可能做到的事情，或者更有效地去做以前只能用不太有效的方法去做的事情。

从创业的角度来看，技术机会是指技术进步、技术变化带来的创业机会，是将新技术成功地用于生产有价值的新产品或提供新服务的可能性。根据技术的应用范围、技术的创新程度和技术的变化环节，创业的技术机会又可以细分为以下几种类型。

（1）新技术替代旧技术

当某一领域出现了新的科技突破和技术，并且它们足以替代某些旧技术时，创业的机会就来了。

（2）实现新功能、创造新产品的新技术出现

具有新功能的新产品无疑对消费者具有更大的吸引力。当消费者认可这些新功能并愿意为其支付溢价时，创业良机就出现了。例如，吉列剃须刀的创始人金·吉列，发现老式剃须刀用久了之后由于刀片变钝很容易刮伤脸，于是通过不断的试验，尝试对老式剃须刀进行改进，致力发明一种更安全、更方便的剃须刀。1901 年，吉列终于创造出世界上第一款可以更换刀片的安全剃须刀。吉列旗下的剃须刀包含 20 多项专利技术，共有 30 多种功能。一个小小的剃须刀，通过技术改进和创新，创造出位列 2020 年全球品牌价值 100 强的大品牌。

（3）新技术带来新问题

有些技术的出现对人类社会的影响体现出“双刃剑”的特点：既有利也有弊。例如，汽车的出现方便了人们的交通出行，但汽车尾气排放也成为空气污染的主要源头。这种情况的出现，迫使人们为了消除新技术的某些弊端，再去开发新的技术并使其商业化，这就会带来新的创业机会。

2 市场机会

创业本身就是发现市场需求、寻找市场机会的过程，但市场中并不是永远存在适合创业的机会，它需要创业者按照正确的方向去摸索和探寻。所谓正确的方向，实际上就是指创业者要能够深刻理解市场中现存的、顾客无法获得满足的需求，一旦发现该问题背后的机会线索，就有可能从新的角度意识到市场机会的存在。归纳起来，市场机会的线索可能在以下几个方面呈现出来。

（1）市场上出现了与经济发展阶段有关的新需求

随着经济发展进入不同阶段，消费者在工作和生活中对物质和精神等方面的需求也在发生相应的变化。尤其在经济良性循环的地区和时期，消费者的需求标准相应地会有所提高，当原有产品和服务与新需求之间出现差距时，该差距就成为创业的市场机会。例如，美心防盗门的创始人夏明宪就是发现，一部分刚富裕起来的人对防盗门窗有较大的需求，于是从一个五金杂货店小老板转行开发出一种既廉价又牢固可靠的安全门，最终使“美心”防盗门成为中国防盗门的领导品牌。

（2）当期市场供给缺陷产生的新商业机会

市场中的供需结构并不会持续保持均衡状态，创业者如果能发现阶段性的供给结

构性缺陷，则可以找到可用于创业的商业机会。

（3）先进国家或地区产业转移带来的市场机会

各个地区的经济发展进程并不一致。当先进国家或地区与落后国家或地区之间形成发展的“势差”，并且该“势差”大到一定程度时，先进国家或地区与落后国家或地区之间就会形成人工、原材料等方面的成本差异，这时先进国家或地区就会将某些产业向外转移，为落后国家或地区的创业者提供创业的商业机会。例如，富士康等代工企业就是充分利用了地区成本优势，通过专门为国外品牌商进行生产制造，成长为国际著名的制造企业。

（4）从中外比较中寻找差距

差距中往往隐含着某种商业机会。通过与先进国家或地区比较，看看国外已有的哪些东西本土还没有出现，将这些本土所缺乏的新产品或新服务引入本土就可能成为创业的商业机会。但需要注意的是，该种形式的创业机会，必须与本土消费者的需求紧密结合，一旦脱离需求，单纯为了引进新事物而创业，其结果往往以失败告终。

❸ 政策机会

政策机会是指政府政策变化带给创业者的商业机会。随着经济的发展、科技的变革等，政府必然要不断调整自己的政策，而政府政策的某些变化就可能给创业者带来新的商业机会。著名风险投资专家李开复提出，聪明的创业者应该多看中央电视台，当国家推出新政策时，创业者快速执行将带来很多商业机会。原有政策的调整或新政策的出台，意味着某些领域的障碍将被消除，或者某些价值将从特定领域转移到另一领域，这个过程有可能推动创业者创造出更大的新价值。

通过以上分析可以看出，变化是创业机会的重要来源，无论它来自技术、市场还是政策，缺少这些变化就很难出现创业机会。当然成功的创业，不但需要有变化的出现，还有赖于创业者有机会识别和利用能力，并有相应的资源去抓住变化带来的商业机会。

（二）根据目的性质不同分类

依据目的性质不同，创业机会可以分为问题型、趋势型和组合型三种类型。

❶ 问题型创业机会

问题型创业机会是指由现实中存在的未被解决的问题产生的一类机会。对于问题型创业机会的识别，创业者需要具备“问题即机会”的逻辑思维。社会大众遇到问题时往往会以抱怨、发泄的方式表达出来，如果创业者能够以寻求创业机会的姿态倾听大众的意见、评价，甚至是牢骚，就有可能从中发现创业机会。例如，“360安全卫士”的出现，就是为了解决大多数电脑用户面临的杀毒软件要付费且功能单一的问题。

2. 趋势型创业机会

发现趋势型创业机会就是从现在的变化中看到未来的发展方向，从而对市场需求和价值变现的潜力与机会进行预测，这种创业机会一般和时代变迁、环境动荡、社会变革等社会性变化相结合。尤其在社会发展的转折阶段，创业者一旦能够及早发现并把握住变革带来的机会，就有可能成为未来趋势的先行者和领导者。例如，在由社会人口变化趋势带来的新市场中，房地产、母婴、医疗、食品、玩具、儿童服饰、家用汽车、教育培训等行业都蕴含大量的创业良机。

3. 组合型创业机会

组合型创业机会是将两种以上现有的技术、产品、服务等因素组合起来，实现新的用途、满足新的需求、创造新的价值而获得的创业机会。这种机会类型表面上是不同元素的重新组合，实际上包含创业者对现有需求和未来价值的深刻理解。组合创造出的新产品或新服务，必须能够有与过去不一样的功能，而不是简单的功能叠加。例如，一名叫瑞德的商人看到越来越多的疾病与公共场所的感染有关，但市场上的抗菌药物服用要求较高且味道较苦。经过无数次试验，瑞德从速溶饮料中获取灵感，开发出一种在冷水中可迅速溶解且带有柠檬味的抗菌药片，成为美国本土最受欢迎的抗菌药物。

（三）从目的与手段组合的角度分类

从目的与手段组合的角度分类，创业机会可以分为模仿型、改进型和突破型三种类型，这种划分方式实际上也反映出创业者的创新程度。

1. 模仿型创业机会

模仿型创业机会指的是创业者借鉴和参照某些在市场上取得成功的企业的做法，对其进行模仿和学习而获取的创业机会。根据模仿型创业机会开展的创业活动具有投资少、见效快、迅速进入市场等特点。模仿型创业机会的不足之处在于，除非创业者能够采取有效的方式降低成本，或者充分挖掘自己已有顾客群体尚未获得满足的需求，否则会由于创新成分较低，无法为顾客创造新的价值而落败于先进入市场或已取得较大市场份额的直接竞争者。例如，腾讯QQ最初模仿了以色列公司推出的及时通信软件 ICQ，由于符合中国人的沟通方式而得以迅速建立品牌优势，聚集了庞大的用户群，为以后新产品的推广奠定了基础。

❷ 改进型创业机会

改进型创业机会指的是基于他人成功创业的经验或已被市场实践证明的正确做法，经过创业者的大胆构思和创新，摸索出能够创造新价值，甚至在已有经验基础上进行有创意的提高的创业机会。例如，马云根据国外先进的电商经验创立了“淘宝网”，然后基于人与人之间的信任，优先创造性地延伸出“支付宝”这个支付平台，解决了中国网购最关键的支付问题，获得了巨大成功。

❸ 突破型创业机会

突破型创业机会的识别基于一套与现有科学技术或商业逻辑完全不同的原理，这类机会的着眼点是开启新的市场，或者利用新的技术成果和商业策略，寻求解决现存问题的新途径。创业者一旦识别出突破型创业机会并及时把握和将其转换为价值，就能够迅速奠定创业企业进入市场的基础，甚至有可能导致整个产业的重新洗牌。

三、影响创业机会识别的关键要素

（一）先前经验

所谓先前经验，是指创业者在以往的创业实践和其他商业实践中积累的经验，这些经验会影响创业者对创业机会的判断和认识。研究表明，创业者的商业实践越丰富，对创业机会的理解和认知就越深刻，尤其会着重考虑机会与团队和资源的匹配关系。创业者的商业实践越少，对创业机会的认识就可能越肤浅、越片面。尤其是创业者一旦有过创业经验，就很容易发现新的创业机会。

创业经验又分为成功实践经验和受挫实践经验两种，它们对创业者的机会识别具有不同的影响。具体而言，如果创业者在先前的创业实践中取得了一定程度的成功，则将有助于创业者客观科学地分析和认识新的创业机会，在面对新的创业机会时，创业者也会更多地抱有积极的心态。如果创业者在先前的创业实践中遭遇了较多挫折，则会影响创业者对新的创业机会做出公正的评价，甚至在面对很合适的创业机会时，创业者也多会抱有难以作为的心态，进而很可能放弃原本适合自己的创业机会。

（二）认知水平

从本质上说，创业机会识别是一种具有较强主观色彩的行为，因此创业者个体的认知水平也成为识别创业机会的重要影响因素。在现有研究中，关键的个人认知因素包括以下方面。

1. 警觉性

一般而言，创业者比普通劳动者或管理者，具有更高的警觉性，对信息具有更大的需求，他们会花费大量的时间和精力对信息进行搜索和筛选。但也有人认为，警觉性是一种习得性的技能，拥有某个领域更多知识的人对该领域的创业机会具有更高的警觉性。

2. 风险感知

风险感知实际上不是创业者的一种独立的认知能力，它与创业者的心理承受力、依赖程度、控制欲望等其他要素相关。有研究者提出，较强的风险感知能力是创业者应当具备的优秀特质。

3. 自信心

成功的创业者与普通劳动者相比，往往在某些方面体现出具有执着的信念。相关研究表明，创业者对成功的自信心能够增强他们对创业机会的感知。

4. 先验知识

创业者会更加关注与他们已经学习或积累的知识相关的机会，其中最重要的是专业知识。专业知识的获取和掌握，能够帮助创业者形成关于该专业领域的供求态势、竞争态势等方面的清晰认知，进而把握该专业领域的创业机会。

（三）社会关系网络

关系作为一种社会资源，能够在创业者与其所希望获取的外部资源之间搭建一座桥梁，并促进创业者与外部合作者之间信息与资源的流动，因此对于创业者而言，社会关系网络的深度和广度，对创业机会识别有重要影响。

与独立型创业者（独自识别商业创意的创业者与网络型创业者）相比，通过社会联系识别商业创意的创业者能够识别出更多机会，这表明拥有一定深度和广度的社会关系网络，有助于创业者识别出更多的创业机会。与大多数人的观念不同的是，在创业者的社会关系网络中，弱关系往往比强关系更能帮助创业者获取有价值的创业机会。所谓弱关系，是指个体与联系不频繁、相互作用力较小的人之间的关系，如同事、同学或一般朋友。相反，所谓强关系，是指个体与联系频繁、相互之间影响较多的人之间的关系，如亲戚、密友和配偶。由于强关系主要形成于具有相似意识的人际关系之中，这样的关系有助于强化个人已有的观点和看法，但不利于催生新的想法。而在弱关系中，个人之间的意识往往存在较大差异，导致交往过程中异质性较强，从而可能激发创业者对创业机会形成全新的认知。

（四）创造性思维

创造是产生新奇或有用的创意的过程。从某种程度上讲，机会识别是一个创造过程，是一个连续的创造性思维过程。在听到更多趣闻逸事的基础上，你会很容易看到创造性，它被包含在许多产品、服务和业务的形成过程中。

四、创业机会的识别阶段

无论哪种类型的创业，对创业机会的识别都具有一定程度的共性，尤其在识别创业机会的过程中，利用各种渠道和各种方式掌握并获取有关环境变化的信息，从而发现在现实世界中产品、服务、原材料、组织方式等方面存在的差距或缺陷，最终识别出可能带来新产品、新服务、新原材料和新组织方式的创业机会。通常来说，对创业机会的识别，大致会经历以下几个阶段。

（一）第一阶段：创业机会的价值分析

创业机会的价值是指创业机会潜在的商业价值。对创业机会的价值进行分析，是创业者识别创业机会的基础。具体做法是分析特定创业机会所对应的市场需求规模与结构，包括该创业机会所对应的市场结构、需求规模、目标顾客群体及其特征。无论是新创企业还是成熟企业，都无法将所有类型的顾客视为自己的目标顾客，因此创业机会总是针对特定细分市场而言的，但不同细分市场上的创业机会又具有不同的价值。一般而言，创业者应该优先考虑成长性较好的细分市场，这类市场中所存在的创业机会往往具有较强的未来变现能力，而在萎缩性市场中，考虑到创业者的资源局限性和创业的长期性，可从中获取的价值非常有限。

（二）第二阶段：创业机会的持续性分析

创业机会的持续性是指创业机会在未来一段时间内持续成长的可能性。对创业机会的持续性进行分析，实际上就是分析特定创业机会的可持续时间与市场需求的增量。创业机会的可持续时间越长，越有利于创业者为开展创业活动做好充分的准备，也能为新创企业的存活与发展提供更好的条件。创业机会的市场需求增量较大，说明市场上有可能容纳较多的企业，新创企业也才会有更大的成长空间，有机会获取更多的利润。

（三）第三阶段：创业机会要素的匹配性分析

创业机会由适当的商机、有价值的创意、可得的资源、团队能力等要素构成，创业机会识别的第三步就是要对这四类要素的匹配程度进行分析。其中，首先应当关注商机与创意之间是否匹配。如果这二者不匹配，创业者的创意是无法创造价值的，这时的商机就不能称为创业机会。在商机与创意匹配的基础上，还需要分析团队能力与创意之间是否匹配，即创业者及其团队是否有能力实现该创意，以及创业者是否掌握了实施该创意所需的资源。如果创业团队的能力、所掌控的资源不足以实施相应的创意，则这时的商机也不构成创业机会。

（四）第四阶段：创业机会的风险收益分析

风险伴随着创业的全过程，即使创业者明确了创业机会的价值、持续性及内部构成要素之间的匹配程度，在不明确风险的情况下，该创业机会仍然存在较大的不确定性。因此，创业机会识别的最后一个步骤就是对风险收益进行分析。

知识卡片

细分市场选择工具——STP 理论

STP 理论是由美国营销学家温德尔·史密斯最早提出，由美国营销学家菲利普·科特勒进一步发展和完善的成熟理论。STP 理论是战略营销的核心内容，包括市场细分（Segmentation）、目标市场选择（Targeting）和市场定位（Positioning）。确定目标消费者或客户是 STP 理论的核心内容。

根据该理论，市场是一个综合体，是多层次、多元化的消费需求集合体。任何企业都无法满足所有的需求，企业应该根据不同需求、购买力等因素把市场分为由相似需求构成的消费群，即若干子市场，这就是市场细分。企业可以根据自身战略和产品情况从子市场中选取有一定规模和发展前景，并且符合企业的目标和能力的细分市场作为企业的目标市场。然后，将产品定位于目标消费者所偏好的位置，并通过一系列营销活动向目标消费者传达这一定位信息，让他们注意到品牌，并感知到这就是他们所需要的。

五、识别创业机会的常见方法

(一) 通过“新眼光”调查发现机会

“新眼光”调查注重二级调查，阅读某人发表及出版的文章或著作、利用互联网搜索数据、浏览寻找包含创业者所需要信息的报纸文章等都是二级调查的形式。在通过二级调查对顾客、供应商和竞争对手有了基本的了解之后，创业者就可以开始进行初级调查了，如与人交谈。不要假设，要提出问题，如：希望在本地的书店买什么书？会选择网上购物吗？这样的业务需要什么样的广告？什么产品比较热销？

(二) 通过系统分析发现机会

借助于市场调研，从环境变化中发现机会，是机会发现的一般规律。人们可以从企业的宏观环境（政治、法律、技术、人口等）和微观环境（顾客、竞争对手、供应商等）的变化中发现机会，如社会老龄化产生的老年需求热、环境污染产生的优良环境需求热、食品安全问题产生的绿色食品需求热、下岗失业问题产生的就业需求热、网络时代的到来产生的网络游戏需求热等。类似的还有单亲家庭问题、城市扩大与农民融入城市问题、个体创业现象等。创业者可结合新热点和新需求寻找与识别创业机会。

(三) 通过问题分析发现机会

最大的商机往往出现在顾客抱怨最多的地方，创新往往来自顾客施加的压力。当需求无法得到满足时，顾客通常会以抱怨或提意见的方式表现出来，这些没有得到满足的需求对于创业者而言是值得深入分析的。但是，并不是所有的顾客抱怨或意见都是创业机会，创业者必须经过理性思考和系统分析，探究这部分顾客需求得不到满足的原因：是现有产品或服务与顾客的期望有差距，还是这部分顾客的需求由社会发展趋势引发？

问题分析从一开始就要找出个人或组织的需求及其面临的问题，这些需求和问题可能很明确，也可能很含蓄。对于创业者来说，找到一个有效并有回报的解决方法是识别创业机会的基础。这个分析需要全面了解顾客的需求，以及思考可以用来满足这些需求的方法。一个新的机会可能会由顾客识别出来，因为他们知道自己究竟需要什么。顾客会提出诸如“如果那样的话不是会很棒吗”的非正式建议，留意这些，有助于发现创业机会。

（四）通过创造获得机会

这种方法在新技术行业中最为常见，它可能始于明确拟满足的市场需求，从而积极探索相应的新技术和新知识，也可能始于一项新技术发明，进而积极探索新技术的商业价值。通过创造获得机会比其他任何方式的难度都大，风险也更高，然而，如果能够成功，其回报也更大。例如，当当网、亚马逊等成功地将互联网技术引入图书销售业，艺龙旅行网、携程网等成功地将互联网技术引入旅游咨询服务业。今天，互联网已深入人们的生活，极大地改变了人们的生活方式和消费观念。

学习链接

微课：创业方式的选择

知识卡片

创业者对市场需求或顾客提出的问题可以通过有系统的方式进行评估，如奥斯本的稽核问题分析表（表 4.1）。

表 4.1　奥斯本的稽核问题分析表

问题	是	否
1. 是否能改变它？如功能、形状、颜色、气味、速度、成本等。		
2. 是否能替代它？如采用其他材料、零部件、能源、色彩等。		
3. 是否能改进它？如更方便、更正确、更完美、更便宜等。		
4. 是否能放大它？如增加、加重、加厚、加长、加大等。		
5. 是否能缩小它？如省去、减轻、减薄、缩短、缩小等。		
6. 是否能颠倒它？如上下、左右、正反、里外、前后颠倒等。		
7. 是否能以某种方式重组它？如叠加、复合、化合、混合、综合等。		

（资料来源：刘平，李坚. 创业学：理论与实践［M］. 北京：清华大学出版社，2009. 有改动）

创新创业实例

很馋人的“我不馋”零食

“我不馋”项目的创始人李涛和张晓范就是在倡导“大众创业，万众创新”的时代背景下成长起来的高校大学生创业者。

“我们都来自保山，施甸县的大山村，距离保山100余公里，是一个贫困县，我们两家都是建档立卡户，母亲常年身体不好，但好在父亲有一套炒货手艺和配方，靠着炒各类干货摆摊为生。我父母第一次到昆明便是去年我读大学时送我到昆明，当他们把用布包裹好的1万多元的学费交到我手上时，我暗暗发誓，在大学里，我一定要努力学习，做一些事情为家里减轻经济负担。”“但创业对于我们这样没有多余启动资金的学生来说其实是一件很困难的事情，真正让我决定尝试创业的，源于一个打回家的电话。”李涛在一个平常的晚上给母亲打电话，问母亲最近炒货摊生意如何，母亲说自己身体不好，父亲因照顾母亲也无法出去摆摊。李涛当时就很难过，父亲有秘方手艺，可因照顾母亲而无法继续摆摊，家里没有了收入来源，李涛想要自己帮他们卖。“现在是‘互联网+’的时代，我来传承制作手艺。”从此，他走上了创业的道路。2019年，“我不馋”零食品牌诞生。李涛自己设计Logo，注册商标，通过“固有资源（父母的手艺）+互联网”的模式，采用标准化规范制作，统一零食口味及种类研制、包装、管理、服务、销售，做好品控和物流售后，使“我不馋”小零食成为施甸县看得见的地标性零食品牌，已有20余种口味的小零食诞生。同年，“我不馋”项目入驻云南经贸外事职业学院双创孵化园，仅仅半年时间，创造了总价值6万余元。

一门传统秘方手艺的发展与繁荣，必然离不开充分的同业竞争所形成的“优胜劣汰”。李涛母亲说，靠自制的炒货秘方养活了自家几辈人，但能坚持传承这门手艺的年轻人寥寥无几，现在有孩子愿意传承，他们觉得很开心。结合“互联网+”的模式，李涛家的炒货类小零食销量大大增加。

“我不馋”项目正在从微信、抖音、微博、论坛等社交媒体引流；以创意视频的方式将产品信息植入短视频，发布软文内容，做口碑建设。“我不馋”项目创始人坚信“我不馋”总有一天会成为家喻户晓的零食品牌。

想一想：

1. 李涛是如何识别创业机会的？
2. 李涛的成功秘诀是什么？

任务 3 创业机会的评价

创业机会评价是创造过程中仔细审查创业并分析其可行性的阶段。创业机会评价是创造过程中特别具有挑战性的阶段，因为它要求创业者对创意的可行性采取一种公正的看法。创意需要符合一定的标准，才是真正的创业机会，而且创业机会只有符合创业者的能力和目标才是有价值的。

一、较好创业机会的特征

（一）价值性

价值性是指创业机会带来商业价值，能使创业产生盈利，这是创业机会区别于其他机会的本质特征，也是创业机会受到创业者与投资者的追寻与青睐的根本原因。当然，这里的价值性并不是说创业机会本身一定就具有直接价值，可以在市场进行交换，而是说它是可以带来价值增值的创业活动的极好的切入点，在这样的时空条件下创业，获得价值增值的可能性大，有利因素多。

（二）时效性

创业机会产生于市场变化，存在于一定的市场环境之中。虽然从总体上看市场变化是持久的，但市场的每一次变化及变化带来的创业机会是有时效性的。换言之，创业机会产生于一定条件之下，随着环境的变化、消费者需求的转移，创业机会也会改变。因此，创业者必须及时地捕捉机会和适时地利用机会，否则时过境迁，只能落得“悔之晚矣”。

（三）客观性

虽然创业机会的发现是主观的，但创业机会的存在是客观的，是不以人的主观意志为转移的。无论人们是否意识到，创业机会总是客观地存在于一定的市场环境之中。从某种意义上说，创业机会就像等待人们去发现的宝藏，谁找到就是谁的，所不同的只是它过期不候。创业机会没有专属性，一个企业未能发现的机会，很可能会被另一个企业捕捉和利用。因此，无论是创业者还是创业的准备者，都应积极地从市场环境变化的规律中寻找机会。

知识卡片

较好商业机会的具体表现

较好的商业机会具备以下几个具体表现。

第一，在有前景的市场中，前五年的市场需求稳步且快速增长。不难设想，如果某个商业机会的市场需求不能稳步且快速增长，新创企业将不可能驻足于足够大的盈利空间，也就不可能迅速成长起来。那么，在激烈的市场竞争中，新创企业无疑会纷纷落马，这对于创业者是极为不利的。

第二，创业者能够获得利用特定商业机会所需的关键资源。这里所称的资源，包括利用特定商业机会所需的技术资源、资本资源、资信资源、公共关系资源等。

第三，创业者不会被锁定在“刚性的创业路径”上，而是可以中途校正自己的创业路径。市场千变万化，科技日新月异，政府政策不断调整，创业者需要根据这些变化不断调整自己的“创业路径”。创业路径，即创业的战略思路、组织结构、运营策略、市场技巧、技术路线等。如果创业者利用特定商业机会的创业路径是不可调整的，那么，无论是基于主观的原因还是基于客观的原因，创业者都不可能真正抓住和利用相应的商业机会。

第四，创业者可以通过创造市场需求来创造新的利润空间，谋取额外的企业利润。市场是可创造的，企业要占领市场、获取利润，往往需要靠自己去创造新的市场需求。

第五，特定商业机会的风险是明朗的，至少有部分创业者能够承受该机会带来的风险。在风险面前无所作为，是创业的大忌之一。然而，如果某一商业机会的风险不明朗，创业者无法搞清风险的具体来源及其结构，那么他就无法把握风险、规避风险或抑制风险，也就无法降低风险损失、提高风险收益。

（资料来源：王鑫，高烦易，盛强．创业与新新实务［M］．北京：北京理工大学出版社，2017：50-51．有改动）

二、创业机会评价的标准

创业者必须依靠直觉对创业机会进行判断，这使创业机会识别成为一门艺术；但创业者仅凭直觉感知，又容易犯“以己度人”的错误，所以还需要依靠有目标的行动和分析技能，这使创业机会识别成为一门科学。但在创业机会识别的初始阶段，创业者对创业机会的评价来自个人的初始判断，而初始判断简单地说就是假设加上简单计算。

(一) 市场层面的评价准则

一个创业项目，只有经过市场的考验，才能被确定是不是切实可行的项目。在完善创业项目时，要始终以市场为导向，去判断创业项目的可行性。

必须对目标市场进行深入调查。市场调查就是运用科学的方法，有目的、有计划、系统地搜集、记录、整理和分析市场信息，了解市场的现状，掌握市场发展变化的规律和趋势，为市场预测和营销决策提供客观的、正确的资料。创业者在准备创业时，需要进行原始市场调查。直接与顾客沟通，观察他们的行为模式，这些都能帮助创业者更好地了解到底哪个市场机会最值得开发。在进行市场调查时，不能简单地依赖网上搜索或其他调研机构发布的调查报告。换句话说，如果市场中有一份调查报告详细说明了你需要的所有信息，那就太迟了，这个商机早就有人开发过了。与此相反，应该和潜在顾客直接沟通，了解他们的处境、问题，以此方式搜集大量的第一手资料。尽管在和潜在顾客直接沟通之前可以通过其他方式对顾客和市场稍做了解，但这些丝毫不能削弱直接沟通的重要性。

1. 供求状况调查

供求状况调查是对市场主体的调查，包括对生产者和消费者的调查。首先是需求量的调查，包括实物需求量与购买力的调查，目的在于了解所选项目是否有市场需求，有没有能力实现需求。其次是供应量的调查，即目前某种产品生产者投放市场出售的商品量的调查，目的在于了解市场饱和程度，进入市场后的发展空间。最后是作为生产经营者可从市场上获得的原材料或货源量的调查，这是制约企业发展的重要因素。

2. 商品变动调查

商品变动调查是对市场客体的调查，包括对供求变化、产品更新换代、替代品变化、价格变化等的调查。商品变动调查，实质上是对商品生命周期进行的调查，通过调查了解所选择的产品或服务处在生命周期的哪一个阶段，如果处在萌芽期或成长期，那么进入市场的价值就大。同时，还要调查与其相关的替代品有什么变化、对所选择的项目有什么影响。

❸ 消费者行为调查

消费者行为调查主要是指消费者购买行为调查，包括调查消费者的购买动机、购买行为趋势及购买行为特性，目前及未来消费者的消费水平、消费心理、消费行为的变化，以及影响消费心理和消费行为的各种因素。同一产品或服务，会因不同区域不同人的不同消费行为而表现出较大的差异性，在甲地区可行但在乙地区不一定可行。消费者行为调查的目的，就在于确保项目选择能遵循消费行为的变化规律。

❹ 竞争者调查

企业的生产经营活动总是会受到一群竞争对手的包围和影响，企业要想进入某领域并在市场竞争中获得胜利，就必须了解竞争对手。选择创业项目，必须对同行进行全面了解，以确定是否可以进入竞争市场、是否有发展空间、是否有能力参与竞争、是否有发展前途等，这是至关重要的不可或缺的环节。否则，进去后再退出来损失就大了。

❺ 市场环境调查

市场环境是与企业生产经营活动相关的各种因素和条件，企业生产经营活动顺利开展的关键就在于企业能适应不断变化的市场环境。市场环境包括宏观环境和微观环境。宏观环境是一定区域人口、经济、政治、法律、社会、文化、生态环境等大范围的社会约束力；微观环境是对企业生产经营活动产生直接影响的环境因素，主要包括企业内部环境、供应商、中间商、服务商、顾客、竞争者等。此外，还有行业背景，包括行业发展规模、阶段、饱和程度，行业的区域分布，等等。

❻ 市场预测

经营的关键在决策，决策的关键在预测。市场调查的最终目的是要对未来市场做出准确的判断，即市场预测。市场预测就是运用科学的方法，在对市场进行充分调查研究的基础上，分析和预见其发展趋势，为项目选择提供可靠依据。市场预测包括市场潜量预测、市场销售水平预测、生产经营资源预测、产品竞争能力预测、价格与成本预测等。

（二）效益层面的评价准则

1. 税后净利润

一般而言，具有吸引力的创业机会，至少要能够创造15%以上的税后净利润。如果预期的税后净利润在5%以下，那么这就不是一个好的创业机会。

2. 损益平衡时间

通常，损益平衡在两年以内达成是比较合理的，如果三年还达不成，则恐怕不是一个值得投入的创业机会。不过有的创业确实需要经过比较长的耕耘时间，并经由这些前期投入创造进入障碍，并因此保证后期的持续获利。在这种情况下，可以将前期投入视为一种投资，而较长的损益平衡时间就可以被容忍。

3. 投资报酬率

考虑到创业可能面临的各项风险，合理的投资报酬率应该在25%以上。一般而言，如果投资报酬率在15%以下，那么这就不是一个值得考虑的创业机会。

4. 资本需求

资金需求量较低的创业机会，一般会比较受投资者的欢迎。事实上，许多个案显示，资本额过高其实并不利于创业成功，有时还会带来稀释投资报酬率的负面效果。通常，知识密集的创业机会，资金的需求量相对较低，投资报酬率反而会相对较高。因此，在开始创业的时候，不要募集太多的资金，最好通过盈余积累的方式来创造资金。

5. 毛利率

毛利率高的创业机会，风险相对较低，也比较容易达成损益平衡。反之，毛利率低的创业机会，风险则较高，在决策失误或市场发生较大变化的时候，企业很容易遭受损失。一般而言，理想的毛利率是40%。当毛利率低于20%时，这个创业机会就不值得再予以考虑。

6. 策略性价值

创业能否在市场上创造策略性价值，也是一项重要的评价指标。一般而言，策略性价值与产业网络规模、利益机制、竞争程度密切相关，而创业机会对于产业价值链所能创造的增值效果，也与所采取的经营策略与经营模式密切相关。

7. 资本市场活力

当处于一个极具活力的资本市场时，创业的获利回收概率相对较高。不过，资本市场的变化幅度极大，因此在资本市场高点时投入，资金成本较低，筹资相对容易。在资本市场低点时，创业的诱因则较少，好的创业机会也相对较少。一般而言，新创企业在有活力的资本市场中比较容易创造增值效果，因此资本市场活力也是一项可以被用来评价创业机会的外部环境指标。

8. 退出机制与策略

所有投资的目的都在于创收，因此退出机制与策略就成为一项评估创业机会的重要指标。企业的价值一般要由具有客观鉴价能力的交易市场决定，而这种交易机制的完善程度也会影响创业退出机制的弹性。由于退出的困难程度普遍要高于进入，所以一个具有吸引力的创业机会，应该要为所有投资者考虑退出机制及退出的策略规划。

（三）创业团队层面的评价准则

1. 最佳团队组合

评价创业机会，绝对不能忽视创业团队组合的成分及团队整体能够对外发挥作用的程度。由声誉卓著的创业家领军，结合一群各具专业背景的成员所组成的创业团队，再加上紧密的组织内聚力与共同的价值观，这种所谓的最佳团队组合可以被视为创业成功的最佳保证。

2. 产业经验与专业背景

创业团队成员对于所要投入产业的相关经验与了解程度多寡，也会影响创业的成功与否。一般可以经由产业内专家对创业团队成员的背景经验与专业能力进行评价。再好的创业机会，如果创业团队不具备相关产业经验或专业背景，则不具有任何吸引力。

3. 诚信正直的人格

创业团队成员的人格特质是影响创业成败的一个关键因素，尤其是创业团队成员的人品与道德观。能够组建成在业界具有良好声誉，重视诚信、正直、无私、公平等基本做人处事原则的创业创业团队，对于评价创业机会通常具有显著加分的效果。此外，许多绝佳的创业机会，反而会因内部争权夺利而功败垂成。

❹ 专业与坦诚

一个好的创业团队，在各项经营管理与技术专业工作上，通常能够以理性客观的态度，坦诚面对各项问题，不刻意欺骗客户与投资者，不逃避事实，不否认自己的不足，并且创业团队成员也知道如何克服自己的缺点。在许多创业失败个案中，都可以看到创业团队生怕别人看穿自己的缺点，因此强烈防御他人的质疑，一味掩饰问题，持有推诿责任的态度，不仅没有面对缺点的勇气，而且没有解决问题的智能。

❺ 负荷承受度

创业团队的耐压性与负荷承受度，也是评价创业机会的一项重要指标。负荷承受度与创业团队成员愿意为创业投入的工作量多寡，以及愿意忍受的辛苦程度密切相关。一般来说，由负荷承受度较低的创业团队所提出的创业构想，其成功的概率也会较低。

（四）个人层面的评价准则

❶ 创业者的能力

创业者的能力是创业者整体素质体系中的核心要素，从实践的角度来看，表现为创业者把知识和经验有机结合起来并运用于创业管理过程。创业者的能力具体包括机会识别能力、决策能力、战略管理能力、开拓创新能力、创业网络构建能力、组织管理能力等。

（1）机会识别能力

在稍纵即逝的“机会”面前，能敏捷捕捉、明智决断，是创业者创业的思维基本功。只有具备这种“机会敏感综合征”，以一种近乎病态痴狂的态度去等待、感悟、抓住机会的人，才能不失时机地进行创业，成为合格的创业者。

（2）决策能力

创业者的决策能力集中体现在创业者的战略决策能力上，即创业者在对新创企业外部经营环境和内部经营能力进行缜密细致的调查和分析，在有预见性分析的基础上，确定企业发展目标、选择经营方针和制定经营战略的能力。创业者虽然有时候也进行一些战术性决策，但将更多的精力用于战略决策。

（3）战略管理能力

把创业仅仅看作天赋、灵感与智能的闪念是完全错误的，创业始终是一种可以管理，也需要管理的系统工作。因此，创业者必须在创业中始终保持常态的管理意识。管理主要针对机会的捕捉和利用，有许多发明家，虽然擅长创新，也有创业的宏愿，但由于管理意识的薄弱，错失良机，不能将创新成果向创业成果转化，并且他们也没有意识到，只有通过常态的管理机制，才能更好地进行发明创造。

（4）开拓创新能力

创业者必须具备创新能力，这是由经营管理活动的竞争性决定的。提高竞争力的关键在于发挥创业者的创新能力。只有不断地用新的思想、新的产品、新的技术、新的制度和新的工作方法来替代原来的做法，才能使企业在竞争中立于不败之地。

（5）创业网络构建能力

创业者必须善于建立本行业的广泛社会网络，包括有关本行业的现代电脑网络。密集的行业网络沟通有助于创业者从广泛的社会网络中获取高回报的创业信息，促使创业者在巨型网络提供的信息精华中，吸取经验教训、培养创业精神，既勇于冒险，又坦然地接受失败。“网络”素质较高的创业者，由于掌握了极其丰富的发明、生产、销售等诸多方面的信息，真正做到了知己知彼，其决策之成功、回报之效益，为一般创业者所望尘莫及。

（6）组织管理能力

创业者要具有把各项生产要素有机组合起来，形成系统整体合力的杰出才能。创业者就是研究、开发、生产、销售等各个环节的协调者、组织者和领导者。为使创业者的组织才能发挥到最高水准，创业者必须具备敏锐的判断力、坚韧的毅力，以及高超的管理艺术，尤其应具备两个方面的能力：一方面，必须对自己经营的事业了如指掌，有预测生产和消费趋势的能力；另一方面，必须善于选择合作伙伴，有组织或领导他人、驾驭局势变化的能力。

❷ 创业者个人对创业机会的评价

（1）与个人目标契合程度

创业过程中遭遇的困难与风险极大，因此有必要了解创业者的创业动机，以判断其愿意为创业活动付出的代价程度。一般认为，创业机会与个人目标的契合程度越高，创业者的投入意愿与风险承受意愿自然也会越大，创业目标最后实现的概率也相对较高。因此，一个具有吸引力的创业机会，一定是一个能与创业者的个人目标充分契合的创业计划。

（2）机会成本

一个人一生的黄金岁月大约只有 30 年光景，可以分为学习、发展、收获等不同阶段。而为了这个创业机会，需要放弃什么？可以从中获得什么？得失的评价如何？

在决定进行创业之前，所有参与创业的成员都需要仔细思考创业所要付出的机会成本。只有经由对机会成本的客观判断，才可以得知创业机会是否真的对个人发展具有吸引力。

（3）失败的底线

古人说，留得青山在，不怕没柴烧。创业必然需要面对可能失败的风险，但创业者也不宜将个人声誉与全部资源都压在一次创业活动上。理性的创业者必须自己设定失败的底线，以便保留下次东山再起的机会。因此，在评价创业机会的时候，也需要了解创业者对于失败底线的看法。通常“铤而走险”与“成王败寇”的创业构想，不会被视为一个好的创业机会。

（4）个人偏好

评价创业机会的时候，也需要考虑创业的内容与进行方式是否符合创业者个人的偏好，包括工作地点、生活习惯、个人嗜好等。

（5）风险承受度

每个人的风险承受度都不一样，这也成为影响创业机会评价的重要因素。一般而言，风险承受度太高或太低均不利于新创企业的发展。风险承受度太低的创业家，由于决策过于保守，拥有的创业机会也会相对较少。但风险承受度太高的创业家，也可能会因为孤注一掷的举动而令企业陷入险境。一个能以理性分析面对风险的人，才是比较理想的创业家，由他来执行的创业机会才会相对比较有吸引力。

（五）竞争优势层面的评价准则

1. 成本竞争力

一个好的创业开发案，通常都具有可以经由持续降低成本来创造竞争优势的能力。除了以发挥经济规模来降低成本外，良好的品质管理、高效率的生产管理、优越的采购能力、快速的产品设计、比较高的自制率等，也都是有助于降低成本的有效手段。因此，一个具有吸引力的创业机会，应该掌控与持续降低物料成本、制造成本、营销成本等。总之，创业机会所呈现的成本竞争力，将是评价一次创业最后能否成功的重要指标。

2. 市场控制力

对市场的产品价格、客户、渠道、零件价格的控制力，攸关企业的竞争优势，市场领导厂商通常都具有比较高的市场控制力。因此，一个缺乏市场控制力的创业机会，它的投资吸引力也会比较低。如果一个新创企业对于关键零件来源与价格缺乏控制力，对于经销渠道与经销商也缺乏控制力，同时订单几乎依赖少数一两个客户，那么这个创业机会面临的经营风险一定很高，要想持续获利也会非常困难。不过，如果创业机会具有持续推进产品创新的能力，那么它就比较有机会摆脱这种为他人所控制的市场困局。

③ 进入障碍

具有进入障碍的市场，对于创业开发相对比较不具有吸引力。同样地，创业企业如果无法制造进入障碍，也不是一个好的创业机会。制造进入障碍的方式包括专利、核心能力、规模经济、商誉、高品质低成本、掌握稀缺资源、掌握通路、快速创新以缩短生命周期等。在一个处处存在障碍的市场中，通常比较难发掘好的创业机会。但缺乏进入障碍的新市场，往往容易吸引大量的竞争者，而使毛利快速下降。因此，所谓具有吸引力的创业机会，进入的应该是一个障碍还不太高的新市场，但进入以后就需要具备制造进入障碍的能力，以保护自身的市场利益。

三、创业机会评价的定量方法

定量评价方法是采用数学的方法收集和处理数据资料，对评价对象做出定量结果的价值判断，具有客观化、标准化、精确化、简便化等特征。

（一）矩阵打分法

运用矩阵打分法，首先要识别出对创业成功具有关键影响的因素（评价标准），并由创业者或专家小组对每一个因素进行打分，分值设计一般为：3 分表示该机会非常好；2 分表示该机会比较好；1 分表示该机会一般。

然后根据分值分布情况，求出每个评价标准的加权平均分，从而实现对不同创业机会的量化比较。

例如，表 4.2 列出了创业机会中的若干项评价标准，在实际操作中，创业者可根据机会的具体性质对评价标准进行设计。

表 4.2 创业机会的矩阵打分法示例

评价标准	评分			
	3 分	2 分	1 分	加权平均分
预期投资回报率				
预期投资回收周期				

续表

评价标准	评分			
	3分	2分	1分	加权平均分
市场需求大小				
产品差异化程度				
资源能否满足该创业机会的要求				
团队能力与机会的匹配性				
机会的增长潜力				
团队的抗风险能力				
总分				

（二）西屋电气法

西屋电气法是指通过将影响创业机会的相关因素的具体数值代入公式，计算出该机会的优先等级，适用于创业者对多个创业机会进行比较。具体公式如下：

$$\text{机会优先级}=\frac{\text{技术成功概率}\times\text{商业成功概率}\times\text{年均销售数量}\times（\text{价格}-\text{成本}）\times\text{投资生命周期}}{\text{总成本}}$$

技术成功概率和商业成功概率以百分比表示，其数值来源于创业者或专家小组的比较分析；年均销售数量以年度内销售的产品数量计算；价格是指产品投放市场的销售价格；成本以单位产品成本计算；投资生命周期是指可以预期的年均销售数量保持不变的年限；总成本是指预期的所有投入，包括研发成本、生产制造成本、市场推广成本等。

创业者在对不同创业机会进行评价时应将各因素的数值代入公式，计算结果数值越大，说明该机会的优先等级越高，创业成功的可能性越大。

例如，假设一个智能保温杯创业机会的技术成功概率为75%，市场上的商业成功概率为50%，在6年的投资生命周期中年均销售数量预计为25 000个，销售价格为150元/个，每件产品的成本为70元，研发费用为15 000元，设计费用为50 000元，制造费用为250 000元，营销费用为100 000元。

把上述数据代入公式之中，可以计算得出该创业机会的优先级约为11。具体计算如下：

$$\frac{0.75\times0.5\times25\ 000\times（150-70）\times6}{15\ 000+50\ 000+250\ 000+100\ 000}\approx11$$

（三）哈南分压计法

哈南分压计法要求针对创业机会的不同因素，预先设定好赋值的选项问卷，通过创业者对各个问项的填答，实现对特定创业机会成功潜力指标的评价。每个因素的分值设定范围一般从-2分到+2分，通过对创业者打分结果的加总求和，得到关于创业机会的总评分。最终分值越高，反映该创业机会成功的可能性越大。有学者通过对大量测评结果进行分析，提出最后得分高于15分的创业机会才值得创业者实施具体行动，低于15分的创业机会则应该被放弃。表4.3为哈南分压计法实例。

表4.3 哈南分压计法实例

因素	+2	+1	-1	-2	得分
对初始资金的要求	低	较低	较高	高	-1
预期年销售额	>2 000万元	1 000万~2 000万元	500万~1 000万元	<500万元	+2
预期成长周期	>5年	3—5年	1—3年	<1年	+1
从创业到销售额高速增长所需周期	<1年	1—2年	2—4年	>4年	+2
投资回收期	<0.5年	0.5—1年	1—2年	>2年	+1
成为领先者的潜力	高	较高	较低	低	-2
满足顾客需求的程度	高	较高	较低	低	+2
为产品定高价的潜力	高	较高	较低	低	+1
进入市场的容易程度	分散竞争	适度竞争	激烈竞争	牢固竞争	+1
对抗系统风险的能力	强	较强	较弱	弱	+2
对团队成员的要求	一般训练	平均训练	较多训练	大量训练	-1
总分					8

（四）巴蒂选择因素法

该方法首先设置了11个关于创业机会的判断因素，由创业者对这些因素进行选择。如果某个创业机会只符合其中6个或更少的因素，那么该创业机会不值得创业者进行投入和开展行动。如果某个创业机会符合其中7个或更多的因素，那么该创业机会则有较大可能取得成功。该方法的判断因素包括以下几个方面：

① 这个创业机会在现阶段只被你一个人发现了。
② 初始的产品生产成本可以承受。
③ 初始的市场开发成本可以承受。
④ 产品具有高利润回报的潜力。
⑤ 可以预期产品投放市场和达到盈亏平衡点的时间。
⑥ 潜在的市场巨大。
⑦ 产品是一个高速成长产品类别中的第一个品类。
⑧ 已经拥有一些现成的初始用户。
⑨ 可以预期产品的开发成本和开发周期。
⑩ 所要进入的行业是一个成长中的行业。
⑪ 融资对象能够理解该产品及顾客对它的需求。

(五) 蒂蒙斯的创业机会评价

蒂蒙斯的创业机会评价框架，涉及行业与市场、经济价值、收获条件、竞争优势、致命缺陷、管理团队、创业家个人标准、理想与现实的战略性差距等 8 个方面的 53 项指标（表 4.4）。通过一种量化的方式，创业者可以利用这个体系模型对行业和市场问题、竞争优势、经济结构和收获、管理团队、致命缺陷等做出判断，以评价一个创业企业或项目的投资价值和机会。

表 4.4　蒂蒙斯的创业机会评价表

一级指标	二级指标
行业与市场	① 市场容易识别，可以持续带来收入 ② 顾客接受产品或服务，愿意为此付费 ③ 产品的附加价值高 ④ 产品对市场的影响力大 ⑤ 将要开发的产品生命长久 ⑥ 项目所在的行业是新兴行业，竞争不激烈 ⑦ 市场规模大，销售潜力达到 1 000 万～10 亿元 ⑧ 市场增长率在 30%～50%甚至更高 ⑨ 现有厂商的生产能力几乎饱和 ⑩ 在 5 年内能占据市场领导地位，市场份额达到 20%以上 ⑪ 拥有低成本的供货商，具有成本优势

续表

一级指标	二级指标
经济价值	① 达到盈亏平衡点所需要的时间为 1.5~2 年甚至更短 ② 盈亏平衡点不会逐渐提高 ③ 投资回报率在 25%以上 ④ 项目对资金的要求不是很高，能够获得融资 ⑤ 销售额的年增长率高于 15% ⑥ 有良好的现金流量，能占到销售额的 20%~30%甚至更高 ⑦ 能获得持久的毛利，毛利率达到 40%以上 ⑧ 能获得持久的税后利润，税后利润率超过 10% ⑨ 资产集中程度低 ⑩ 运营资金不多，需求量是逐渐增加的 ⑪ 研发工作对资金的要求不高
收获条件	① 项目带来的附加价值具有较高的战略意义 ② 存在现有或可预料的退出方式 ③ 资本市场环境有利，可以实现资本的流动
竞争优势	① 固定成本和可变成本低 ② 对成本、价格和销售的控制程度较高 ③ 已经获得或可以获得对专利所有权的保护 ④ 竞争对手尚未觉醒，竞争较弱 ⑤ 拥有专利或具有某种独占性 ⑥ 拥有良好的网络关系，容易获得合同 ⑦ 拥有杰出的关键人员和管理团队
致命缺陷	不存在致命缺陷
管理团队	① 创业团队是优秀管理者的组合 ② 行业和技术经验达到本行业的最高水平 ③ 管理团队的正直廉洁程度达到最高 ④ 管理团队知道自己缺乏哪方面的知识
创业家个人标准	① 个人目标与创业活动相符合 ② 创业家可以做到在有限的风险下成功 ③ 创业家能接受薪酬减少等损失 ④ 创业家渴望进行创业这种生活方式，而不只是为了赚大钱 ⑤ 创业家可以承受适当的风险 ⑥ 创业家在压力下状态依然良好
理想与现实的战略性差距	① 理想与现实情况相吻合 ② 管理团队已经是最好的 ③ 在客户服务管理方面有很好的理念 ④ 所创办的事业顺应时代潮流 ⑤ 所采取的技术具有突破性，不存在许多替代品或竞争对手 ⑥ 具备灵活的适应能力，能快速进行取舍 ⑦ 始终在寻找新的机会 ⑧ 定价与市场领先者几乎持平 ⑨ 能够获得销售渠道，或者已经拥有现成的销售网络 ⑩ 允许失败

知识卡片

“互联网+”时代大学生创业机会识别能力提升途径

1. 充分利用互联网平台完善知识结构

国内大部分高校都开设了创业教育类课程，对大学毕业生的自主创业起到了一定的指导作用。但要改变知识结构单一的局面，大学生仅在专业学习外修读创业教育课程并不够，还需要具备完善的知识体系。大学生应充分利用互联网平台，突破知识结构单一的局限，既要学习相对稳定的知识性内容，如创新与创业、新创企业管理、商机发现与风险评估等，也要学习相对变化的政策性、形势感强的内容，如创业政策变迁与解读、创业热点等。只有通过“变”与“不变”相结合的自主学习，大学生才能够建立起完善的知识体系，为成功识别创业机会做好准备。

2. 积极参与创业实践，培养创业警觉性

国内外学者通过对大学生创业者的成功案例进行分析，发现那些具备较强认知能力的创业者比其他人更容易识别并把握市场机遇。这种能力来自个人的性格特质和对某一领域知识的深刻了解，因此大学生要培养自己的创业警觉性，就需要采用多种渠道相结合的方法，在“干中学”的过程中理解创业的过程。具体而言，大学生可以通过注册各类“互联网+”创业实践平台，利用这些平台提供的人际资源、货品资源、政策信息和市场行业信息等各种社会与行业资源，同时积极参加各类创新创业竞赛、创业模拟活动等。通过丰富多彩的“互联网+”创新创业活动，大学生可以着力培养自己的创新精神、创业意识和创新创业能力。

3. 拓展交往途径，健全创业人际网络

人际网络是创业者成功识别创业机会的重要渠道，直接影响到创业机会开发和新创企业运营所需的各种社会资源获取。在“互联网+”时代，大学生创业者应积极创建或参与各种实际的或线上的兴趣爱好型、公益服务型或创新创业型学生社团组织，增强自己的交流沟通能力，创建自己的人际网络，重视社交媒体如微博、微信在拓大社交网络规模方面的作用，积极参与和创业主题相关的线上讨论群或论坛，为参与话题讨论、增进彼此感情、获取相关资讯打下基础。

实训任务

寻找市场痛点，探索创业机会

任务描述：3—5 人一组，选择某一区域进行随机采访，可以是街道、公园、小区、商圈等，询问人们在日常生活或工作中遇到的一些不满意或希望得到改善、解决的问题，并从中选出一两个问题，对其中是否存在创业机会进行研究。
思考问题： 1. 有价值的创业机会的特征有哪些？ 2. 影响创业机会识别的因素有哪些？ 3. 如果你要对某个创业机会进行识别，需要做出哪些方面的分析？ 可通过实地调查、访谈身边的创业人物、个人总结思考、小组头脑风暴等方式，把所想到的创业机会都列出来，再一一识别、分析，可使用任意一种评价方法进行分析评价，并写下答案。

延伸思考

搜集一些创业失败的案例，分析这些创业者失败的主要原因，分析创业机会是否存在致命缺陷，并提出改进方法。

模块五 构建商业模式

知识目标

★ 了解与知道

1. 商业模式在企业经营中的重要地位；
2. 商业模式的内涵与创新思维。

★ 理解与熟悉

1. 不同的商业模式；
2. 商业模式设计框架。

★ 掌握与应用

树立科学的商业模式思维，增强表达能力、沟通能力和团队合作意识，自觉遵循创新创业规律。

任务 1 商业模式概述

一、商业模式的内涵

有一个好的商业模式，成功就有了一半的保证。简单地说，商业模式就是公司通过什么途径或方式来赚钱。例如，饮料公司通过卖饮料来赚钱，快递公司通过送快递来赚钱，网络公司通过点击率来赚钱，通信公司通过收话费来赚钱，等等。只要有赚钱的地方，就有商业模式存在。

关于商业模式的定义，目前比较贴切的说法是：商业模式是一种包含了一系列要素及其关系的概念性工具，用以阐明某个特定实体的商业逻辑。它描述了公司所能为客户提供的价值及公司的内部结构、合作伙伴网络和关系资本等用以实现（创造、推销和交付）这一价值并产生可持续盈利收入的要素。

二、商业模式的创新思维

商业模式的创新思维体现在以下几个方面。

（一）从改变满足客户需求的方式入手

同样的需求和不同的满足方式，导致商业模式出现差异。比如，同样是满足喝豆浆的需求，永和大王怎样满足需求的？九阳豆浆又是如何满足需求的？我们知道永和大王通过餐饮连锁模式提供给顾客现磨现卖豆浆，而九阳豆浆则是以向顾客提供豆浆机的方式让其自己制作豆浆。两种不同的满足方式，导致了两种不同的商业模式。由此可见，企业在满足客户需求时可以从不同的满足方式着手，改变传统的满足方式，寻找一种新的满足方式，有可能给正在期望或有潜在需求的客户意外惊喜而令其无法拒绝，最终引发需求的快速增长，催生新的商业模式。

（二）从行规给客户造成的痛苦入手

深挖本行业行规给现有客户造成的痛苦，并想方法去满足这些痛苦级的需求，或者减轻、降低这些痛苦，从而提出新的价值主张，必然会先人一步，最终催生出领先的商业模式。

（三）从改变企业价值生产方式入手

从改变企业价值生产方式入手创新商业模式既适合产品竞争激烈的行业，也适合开发新技术、新产品的行业。由于新产品的研发成本高，刚推向市场时其价格较高，消费者难以接受或对新产品没有足够的信心，造成买卖双方信息严重不对称，从而形成市场推广成本高、效益低的局面。因此，改变企业价值生产方式，降低客户购买成本，转变盈利来源和成本摊销方式，降低客户使用的风险，可能会出现柳暗花明的景象。

（四）打破行业边界，重新定义客户

苏宁电器、国美电器属于家电商贸流通行业企业，通过连锁卖场的商业模式获得了巨大的成功；但后起之秀京东没有一间店铺，凭借虚拟的互联网横空出世，直击有网购偏好的客户，用互联网行业的运作规律直逼两大家电巨头，远远跳开传统卖场模

式，也获得了巨大成功。由此可见，打破行业边界也是新经济力量下商业模式创新的一大路径。事实上，电子商务行业与家电行业的本质是完全不一样的，所以如果凡客用服装行业运作规律经营企业，那么就得像雅戈尔一样，专注设计、生产、制造、流通、专卖、连锁运营；如果它按照互联网行业本质去运作的话，经营模式就不一样了。互联网的本质是免费、快速便捷、眼球经济，只有点击率上升了才能拉动企业的后续业务，金字塔产品模式才能实现。

（五）从利益相关者的痛苦入手

有时候，商业模式创新仅从客户角度入手很难有所突破，甚至站在行业的价值链上思考也一筹莫展。这时企业家及高管通过对商业模式的创新来改变企业命运和前途的希望突然变得黯淡，思维一度陷入僵局，情绪也很低落，总是找不到出路。转换一下思路，从利益相关者的痛苦层面入手创新商业模式或许是一条出路。

知识卡片

成功的商业模式的特征

长期从事商业模式研究和咨询的公司认为，成功的商业模式具有以下三个特征。

1. 成功的商业模式要能提供独特价值

有时候，这个独特的价值可能是新的思想；而更多的时候，它往往是产品和服务独特性的组合。这种组合要么可以向客户提供额外的价值；要么使得客户能用更低的价格获得同样的利益，或者用同样的价格获得更多的利益。

2. 成功的商业模式是难以模仿的

企业通过确立自己的与众不同，如对客户的悉心照顾、无与伦比的实施能力等，来提高行业的进入门槛，从而保证利润来源不受侵犯。比如，直销模式（仅凭“直销”一点，还不能称其为一种商业模式），人人都知道其如何运作，也都知道戴尔公司是直销的标杆，但很难复制戴尔公司的模式，原因在于“直销”的背后，是一整套完整的、极难复制的资源和生产流程。

3. 成功的商业模式是脚踏实地的

企业要做到量入为出、收支平衡。这个看似不言而喻的道理，要想年复一年、日复一日地做到，却并不容易。现实当中的很多企业，不管是传统企业还是新型企业，对于自己的钱从何处赚来，为什么客户看中自己企业的产品和服务，乃至有多少客户实际上不能为企业带来利润，反而在侵蚀企业的收入等关键问题，都不甚了解。这是不利于企业发展的。

任务 2 不同的商业模式

一、运营性商业模式

运营性商业模式重点解决企业与环境的互动关系，包括企业与产业价值链环节的互动关系。运营性商业模式创造企业的核心优势、能力、关系和知识，其主要内容如下。

1 产业价值链定位

产业价值链定位是指企业处于什么样的产业链条中，在这个链条中处于何种地位，企业结合自身的资源条件和发展战略应如何定位。

2 盈利模式设计（收入来源、收入分配）

盈利模式设计涉及企业从哪里获得收入，获得收入的形式有哪几种，这些收入以何种形式和比例在产业链中分配，企业是否对这种分配有话语权。

二、策略性商业模式

策略性商业模式对运营性商业模式加以扩展和利用。策略性商业模式涉及企业生产经营的方方面面。

1 业务模式

业务模式涉及企业向客户提供什么样的价值和利益，包括品牌、产品等。

2 渠道模式

渠道模式涉及企业如何向客户传递业务和价值，包括渠道倍增、渠道集中/压缩等。

3 组织模式

组织模式涉及企业如何建立先进的管理控制模型，如建立面向客户的组织结构、通过企业信息系统构建数字化组织等。

创新创业实例

案例一

匠人之心传承百年滇菜　专创融合培养一身正气　师徒携手助力乡村振兴

——“培养正气：滇菜国际化便携式古法蒸馏云南汽锅鸡的开创者”项目

项目主创人佘涵是非科班出身的“鄢派”滇菜国际化第五代传承人，也是云南经贸外事职业学院2019级学生。

在师门几位师兄的力推和师父鄢赪大师的亲身指导下，项目主创团队自筹资金开启了技术研发，经过一年多的研发，在历经上千次的尝试后，终于将原有“少许、适量”的古法配方定性定量，研发出了在满足标准化可大规模生产的同时保障产品口感和食材质量同门店制作水准的汽锅鸡即食快销品。同时，主创团队借助于云南经贸外事职业学院专业实训基地和大师工作室的支持，以及校企合作企业的鼎力相助，经过持续专研和探索，在这个潜移默化的过程中大幅提升了自身的专业技能。产品研发出来后，主创团队成立了云南培养正气汽锅鸡餐饮管理有限公司，开始市场化运营。

该项目的竞争优势包括以下几个方面。

1. 产品代表优势

汽锅鸡作为国宴名菜，在世界范围内都具有知名度，它代表了滇菜的独特技艺。

2. 技艺优势

该项目由滇菜百年师门提供技术支撑，产品口感上乘，现有食品生产商及即食快销品研发机构很难在短时间内复制。

3. 品牌优势

项目品牌“培养正气”是百年品牌，具有最正宗且最能代表汽锅鸡的文化内核，其他品牌难以复制。

4. 供应链优势

项目团队为云南餐饮界大牛团队，有多年餐饮运营经验，无论是从上游食材的把控还是从生产成本的控制来说，都具有无可替代的优势。同时，项目团队已与食品生产厂商签订了生产外包协议，可保障产品的稳定生产。

5. 销售渠道优势

云海肴、福照楼等知名连锁餐饮店同滇菜百年师门有着长期合作，线下渠道可立即打开，同时项目团队也在酒店、旅游门店开展批量采购合作，线下渠道稳定；同“云南小花”团队达成线上合作意向，同时自筹建设商城，线上渠道前景优异。

6. 设计优势

与华盖、站酷旗下签约设计师合作，原创手绘包装，提供独一无二的定制服务。

目前，“培养正气云南汽锅鸡”已经在海内外进行销售和推广，取得了初步成功。

想一想：

1. 该项目有什么样的营销特色？
2. 该项目的创新点体现在哪些方面？

案例二

“产教赛创”融合的创新创业立体化人才培养模式探索

——“文山森弘农业开发有限公司发展特色中药种植产业”项目

王一帅于2017年就读于云南经贸外事职业学院工程系工程造价班。从小受家里氛围影响，在其父亲帮助下，王一帅于2019年注册了文山森弘农业开发有限公司（以下简称“文山森弘”），主要从事中药材种植、加工、销售，注册资金500万元。公司董事会、监事会等机构健全，现有核心成员8人，具备中药材种植经验和技术，能满足中药材基地生产的种植管理技术要求。

1. 公司新建项目营运模式

2019年，文山森弘采取“龙头企业+公司+基地+村集体+建档立卡贫困户”的带动模式，由文山森弘与那洞、革乍两村村集体签订合作协议，建立“土地流转+基地务工+收益分配”的建档立卡贫困户利益联结机制，计划于2019年8月至2028年7月带动154户592人统一实施新建627亩中药材种植加工基地产业扶贫项目。按投入财政涉农资金8%的比例进行固定收益分配，分红资金进入村集体账户，由村集体按产业发展收益资金分配管理办法分配给参与产业发展的建档立卡贫困户。

2. 公司新建项目具体实施步骤

一是深入摸底排查，积极宣传动员，对有条件发展中药材产业的贫困户进行分类，引导加入公司参与合作，带动发展产业。

二是组织相关人员对积极参与合作并带动脱贫的公司进行考察，宣传动员，实现公司带动发展产业全覆盖。

三是组织参与发展产业的贫困户到相关基地学习先进种植管理经验，全面掌握中药材种植管理技术及销售经验。

四是组织引导合作双方积极协商，达成双方满意的合作带动脱贫机制，实现合作带动发展产业稳定增收脱贫。

五是对公司带动发展产业申报项目审核把好关，确保合作带动增收真实可靠、可操作性强，能实现预期效益目标。

六是农技人员和公司人员全程参与指导中药材种植和管理。

3. 公司新建项目成效

（1）经济效益

① 在带动期间，每年以投入本项目财政涉农资金134.9万元的8%固定提取村集体产业发展收益，由村集体按照村集体产业发展收益资金分配管理办法（村集体占20%、建档立卡贫困户占80%）进行第一次收益分配，可实现每年那洞、革乍两村村均增收1.079 2万元；然后再按照建档立卡贫困户考核管理办法完成二次分配，154户建档立卡贫困户可实现每年户均产业发展收益分配增收560.6元。同时，建档立卡贫困户通过参与项目务工、订单生产、土地流转等方式拓宽增收渠道，实现稳定脱贫，项目经济社会效益显著。实现贫困村有1个以上产业发展项目，有条件的建档立卡贫困户至少参与1个产业带动增收的目标。

② 项目建成投产后，预计年生产、加工山豆根、黄精、砂仁24.945万千克，可实现销售收入1 007.25万元、利润150万元。

③ 有条件参与中药材产业发展的建档立卡贫困户，可以通过参与土地流转、订单生产、项目务工、收益分配等方式拓宽增收渠道，实现年户均产业综合性收入3 000元及以上，实现稳定脱贫。

④ 对于参与中药材种植产业的建档立卡贫困户，公司按高于市场价0.2元/千克进行保底收购，预计每年亩产值约5 000元左右。

⑤ 项目建设投产后，预计五年后可辐射带动那洞、革乍周边群众中药材种植3 000亩以上，约3 000万元左右。

（2）社会效益

该项目属于产业扶贫带动示范基地建设项目，也是坝美镇在农村综合改革示范区建设上的探索，项目实施能推进当地的农业产业结构调整，提高农业产业经济效益，实现全村贫困户一次性脱贫增收。公司预期可辐射带动19个自然村154户建档立卡贫困户发展中药材产业，将为坝美镇在今后中药材产业标准化生产中提供可复制的模式。公司计划用两年时间培训形成中药材标准化种植技术体系，经培训合格后，将优先吸纳建档立卡贫困户作为公司成员，他们可长期或季节性务工，享受公司收益分配和相应薪资待遇。有劳动能力的建档立卡贫困户可按公司标准要求，由公司提供技术等扶持，利用自家周边地块自行发展中药材产业，由公司统一收购，这降低了散户生产的成本投入。

(3) 生态效益

通过项目实施，农业基础设施得到大幅度改善，农业多功能、复合型、创新性产业结合体逐步形成，农业产业发展提质增效有望实现。一是提高土地综合利用率，改善农田基础设施条件，推动农业综合生产能力稳步提高；二是有效防止水土流失，稳固地质基础，提高农田基础水平，使农业抗旱排涝增收有保障；三是施有机肥和进行病虫害绿色防控，有效缓解土壤、水源污染，在提高耕地肥力的同时，在一定程度上改善农业生态环境；四是逐步消除项目区农民野外焚烧秸秆和盲目滥施有机肥的习惯，降低对空气、土壤、水体、农产品的污染，以保护生态环境，促进无公害农业的发展。

想一想：

1. 该项目的商业模式是怎样的？
2. 该项目的商业模式创新主要体现在哪些方面？

学习链接

微课：创业营销　　微课：消费者购买策略　　微课：顾客分析与应对

知识卡片

奥斯特瓦德的商业模式设计框架

商业模式并不仅仅是各种商业要素的简单组合。商业模式的构成要素之间必然存在内在联系，一个好的商业模式可以把这些要素有机地联系在一起，而阐明某个企业或某项活动的内在商业逻辑。只有其内部构成要素协调一致，才能阐明创造价值、传递价值和实现价值的商业逻辑。

商业设计研究师、商业模式创新作家亚历山大·奥斯特瓦德提出的商业模式设计框架很好地回答了商业模式涉及的基本问题，可以帮助厘清商业模式。该框架包含九个关键要素：客户细分、价值主张、渠道通路、客户关系、收入来源、核心资源、关键业务、重要合作和成本结构。参照这九大要素就可以描绘和分析乃至设计和重构企业的商业模式。

1. 客户细分

客户细分构造块，描绘了一个企业想要接触和服务的不同人群或组织。客户是商业模式的核心。没有可获益的客户，企业就不可能长久。

这一板块主要回答的问题是：我们正在为谁创造价值？谁是我们最重要的客户？

企业把客户划分成若干个细分区隔，每个细分区隔中的客户都具有共同的需求、共同的行为及其他共同的属性。在商业模式中，可以定义一个或多个可大可小的客户细分群体。

企业必须做出决定，即为哪一个客户细分群体提供产品或服务。一旦做出了决定，就可以对特定的客户细分群体进行深刻分析，并设计出相应的商业模式。

2. 价值主张

价值主张构造块，描绘了为特定客户细分群体创造价值的系列产品或服务。价值主张解决了客户问题，满足了客户需求。价值主张是企业提供给客户的受益集合或受益系列。

这一板块主要回答的问题是：我们要向客户传递什么样的价值？我们正在帮助我们的客户解决哪一类难题？我们正在满足客户的哪些需求？我们正在提供给客户细分群体哪些系列的产品或服务？

有些价值主张可能是创新的、全新的、破坏性的；有些价值主张可能只有一些细微的差异，只是提供了额外的功能或特性。

价值主张可以是定量的（如价格、服务速度），也可以是定性的（如设计、客户体验）。以下要素有助于为客户创造价值：

① 新颖：给客户从未感受过或体验过的全新需求。

② 性能：对产品进行改善，让其在性能上更具优势。

③ 定制化：让客户参与到产品设计中来，对客户需求进行个性化定制。

④ 保姆式服务：直接帮客户完成任务。

⑤ 设计：优秀的设计可以帮助客户脱颖而出，然而设计又是一个难以衡量的要素。

⑥ 品牌和身份地位：让客户因为我们所提供的价值主张而变得与众不同，帮助客户显示出不同的身份地位。

⑦ 价格：以更低的价格提供同质化的价值主张，或者向客户提供完全免费的价值主张。

⑧ 削减成本：帮助客户削减成本。

⑨ 风险抑制：帮助客户抵御风险，或者为客户可能面临的风险做担保。

⑩ 提升可达性：把产品或服务提供给以前接触不到的客户，提升产品或服务的

可达性。

⑪ 便利性和可用性：使事情变得更加便利，更加易于使用。

3. 渠道通路

渠道通路构造块，描绘了公司是如何与客户细分群体进行沟通、接触并传递其价值主张的。沟通、分销和销售这些渠道构成了公司对客户的接口界面。渠道通路是客户接触点，它在客户体验中扮演着重要角色。

这一板块首先需要回答的问题是：通过哪些渠道可以接触到我们的客户细分群体？我们现在是如何接触他们的？我们的渠道是如何整合的？哪些渠道最为有效？哪些渠道的成本效率最好？如何把我们的渠道与客户的例行程序进行整合？

渠道通路有以下作用：提升公司的价值主张在客户心中的认知；帮助客户评估公司的价值主张；协助客户购买特定的价值主张；向客户传递价值主张；为客户提供售后支持。

渠道可以分为自有渠道和合作伙伴渠道，也可以分为直销渠道和非直销渠道。有些渠道成本高，但利润也高；有些渠道成本低，但利润也低。企业在把价值主张推向市场的过程中，可以灵活地组合各种渠道，以使收入最大化。

此外，要明白不同渠道通路的主要目标是什么。是为了提升客户对企业服务和产品的认知，是为了帮助客户评估企业的价值主张，是为了协助客户购买特定的价值主张，是为了把价值主张传递给客户，还是为了给客户提供售后支持？总之，要清楚每个渠道的意义和目标所在，灵活地组合多种渠道，以实现收入最大化。

4. 客户关系

客户关系构造块，描绘了公司与特定客户细分群体之间所建立的关系类型。

在这一板块，我们需要回答：我们的每个客户细分群体希望我们与之建立并保持怎样的关系？哪些关系是我们已经建立了的？这些关系的成本如何？如何把这些关系与商业模式的其他部分进行整合？

客户关系类型可以划分为多种，这些关系类型可以共存于企业和特定客户细分群体之间。常见的客户关系类型有以下几种：

① 个人助理：客户与客户代表直接互动，也可以通过呼叫中心、客服邮件等个人助理手段来进行互动。

② 专用个人助理：为客户提供专属的客户代表，这是最为亲密的客户关系类型之一。

③ 自助服务：企业不直接与客户发生关系，而是通过自助服务为客户提供所需要的所有条件。

④ 自动化服务：基于客户特征和差异化，为客户提供更加精细的自助服务。

⑤ 社区：通过线下社区、在线社区等为客户提供平台，并促进客户和潜在客户互动，解决客户的相关疑问。

⑥ 共同创作：鼓励客户参与价值主张的创作，如亚马逊提供书评服务，视频平台邀请用户创作并发布视频，等等。

5. 收入来源

收入来源构造块，描绘了公司从每个客户细分群体获得的现金收入（需要从创收中扣除成本）。客户细分是商业模式的心脏，收入来源就是动脉。一个商业模式中可以包含多种不同类型的收入来源，可以是一次性的交易收入，也可以是经常性的收入。

这一板块主要回答的问题是：到底什么样的价值主张才能够让客户细分群体真正愿意付款？客户现在付费买什么？客户是如何支付费用的？客户更愿意如何支付费用？每种收入来源占总收入的比例是多少？

下面是一些常见的获取收入的方式：

① 资产销售：销售实体产品。

② 使用收费：通过提供特定的服务来收费，如电信运营商、旅馆、快递站点等。

③ 订阅收费：销售可重复使用的服务，如视频应用按月付费，健身房按年付费，等等。

④ 租赁收费：如租房服务、租车服务等，消费者无须购买房产或汽车。

⑤ 授权收费：把受保护的知识产权授权给客户使用并收取费用。

⑥ 经纪收费：为双方或多方之间的利益提供中介服务而收取佣金，如信用卡服务、股票经纪服务等。

⑦ 广告收费：为特定的产品、服务或品牌提供广告宣传服务，如媒体行业、会展行业、网络广告等。

6. 核心资源

核心资源构造块，描绘了让商业模式有效运转所必需的重要因素。核心资源可以是实体资产、金融资产、知识资产、人力资源等。核心资源可以是自有的，也可以是从重要伙伴那里获得的。

每个商业模式都需要核心资源，这些资源使得企业能够创造并提供价值主张、接触市场、与客户细分群体建立关系并赚取收入。不同的商业模式所需要的核心资源也不尽相同，如制造商需要的核心资源有生产设施，而芯片设计商需要的核心资源是技术人才，等等。

关于核心资源，我们需要回答：我们的价值主张需要什么样的核心资源？我们的渠道通路需要什么样的核心资源？我们的客户关系需要什么样的核心资源？我们的收入来源又需要什么样的核心资源？

核心资源可以分为以下几大类：

① 实体资产：如不动产、汽车、机器、系统、销售网点、分销网络等，如亚马逊的信息系统、仓库和物流体系。

② 知识资产：包括品牌、专有知识、专利、版权、合作关系、客户数据库等。知识资产的开发很难，一旦建成将产生巨大的价值。

③ 人力资源：任何一家企业都需要人力资源，但对于某些商业模式来讲，人力资源格外重要，如知识密集型产业、创意产业、制药企业等。

④ 金融资产：如果有些商业模式必须以金融财务做担保，那么金融资产就是它的核心资源。

7. 关键业务

关键业务构造块，描绘了为确保其商业模式可行，企业必须要做的重要事情。所有的商业模式都需要多种关键业务，这些业务是创造和提供价值主张、接触市场、维系客户关系并获取收入所必需的。不同的商业模式，其关键业务也有所差异。

这一板块主要回答的问题是：我们的价值主张需要哪些关键业务？我们的渠道通路需要哪些关键业务？我们的客户关系需要哪些关键业务？我们的收入来源又需要哪些关键业务？

关键业务可以分为以下几大类：

① 制造产品：产品的设计、制造、生产、发送等。

② 问题解决：为客户的问题提供解决方案，如咨询公司、医院等服务机构。

③ 平台或网络：对于以平台为核心资源的商业模式，它的关键业务都是与平台或网络相关的。

8. 重要合作

重要合作构造块，描绘了商业模式有效运作所需要的供应商、合作伙伴等关系网络。合作关系早已成为许多商业模式的基石，建立合作关系可以优化商业模式、降低风险、获取资源等。

在这一板块，我们需要回答：谁是我们的重要伙伴？谁是我们的重要供应商？我们正在从合作伙伴那里获取哪些核心资源？合作伙伴都执行了哪些关键业务？

9. 成本结构

成本结构构造块，描绘了运营一个商业模式所引发的所有成本。商业模式中的任何构造块都有可能引发成本。

关于成本结构板块，我们需要回答：什么是我们的商业模式中最重要的固定成本？哪些核心资源花费最多？哪些关键业务花费最多？

成本结构有以下几个特点：

① 固定成本：无论价值主张的产出量多少，都能保证不变的成本，如租金、机器设备等。

② 可变成本：随着价值主张的产出量增加而不断增加的成本。

③ 规模经济：由于规模扩大，某些低于平均水平的成本。

④ 范围经济：由于经营范围广泛而取得了优势的成本。

实训任务

任务一：对身边企业赚钱方式的观察与思考

任务描述：寻找你身边的一个餐馆或零售店（也可以选择你熟悉的企业或认识的创业者的企业等）。通过你实际的消费体验与观察，思考并回答下面的问题。	
你考察的对象是什么？	
它们的客户群体主要是哪些人？	
它们的服务内容主要有哪些？	
它们是怎么进行市场推广的？/你为什么会选择在这里消费？	
你还会进行第二次消费吗？为什么？	
它们通过哪些产品和服务获得收入？	
有哪些资源支持它们为你提供产品或服务？	
它们向你提供产品和服务时做了什么？	
它们拥有哪些资源后会发展得更好？	
它们需要支付哪些经营成本？	

任务二：成果分享

任务描述：在小组内互相分享你们的成果，通过大家的讨论分享，了解不同行业的企业是如何运作的，了解不同行业的经营特点，并对它们进行比较分析，将你们的讨论成果记录下来。	
讨论内容	主要区别
客户群体	
服务内容	
市场推广	
客户再次光顾的原因	

讨论内容	主要区别
产品和服务的收入	
支持它们为客户提供产品和服务的资源	
向客户提供产品和服务时的工作	
会让企业发展得更好的资源	

延伸思考

在商业模式的创新中，你最关注哪些要素的创新？请举例说明。

模块六 撰写创业计划书

知识目标

★ 了解与知道

1. 创业计划书的作用；
2. 创业计划书的基本内容与结构。

★ 理解与熟悉

1. 创业计划书的框架；
2. 撰写创业计划书应注意的问题。

★ 掌握与应用

练习撰写创业计划书，养成全局思维和耐心细致的做事态度。

任务1 创业计划书概述

一、创业计划书的概念

创业计划书是创业或创业团队就某一项具有市场前景的新产品或新服务，全方位描述与创建新企业有关的内部、外部环境要素的书面文件。创业计划书的撰写一般按照相对标准的文本格式进行，是全面介绍企业或项目发展前景，阐述产品、市场环境、竞争状况、风险及投资收益和融资要求的书面报告。

创业计划书尤为重要，当创业者或创业团队确定了创业目标，在资金、人脉、市场等方面都具备创业条件后，一般就需要制订一份完整的创业计划书了。创业计划书为业务的发展提供指示图，是衡量业务进展情况的标准。创业计划通常是市场营销、财务、生产、人力资源等职能计划的综合。

二、创业计划书的作用

任何一个创业项目，都离不开创业计划书。如果没有创业计划书，就无法进行项目评估、项目交流、项目推广、项目融资。创业计划书既是创业团队的项目规划，也是对外合作的“信任状”。创业计划书必须由创业团队共同完成、共同确认，并且作为项目发展的路标，作为纲领性文件。有的创业团队等到资金不足时，才慌慌张张地撰写创业计划书向投资人融资，这是不对的。创业计划书既是写给创业者或创业团队自己看的，也是写给投资人看的，撰写创业计划书是对企业发展负责的表现。

很多人不清楚撰写创业计划书的目的，不清楚创业计划书的写作要点和技巧，因而导致很多好的项目被写“糟蹋”了。创业者虽然不应该把主要精力放在创业计划书的撰写上，但是如果连一份靠谱的创业计划书都提供不了，又何谈创业呢？

站在投资人或项目合作者的角度考虑，对于一个连创业计划书都不能提供的创业团队，或者连创业计划书都逻辑不清、思路混乱的项目，他们怎么敢投资，怎么敢跟创业者及其团队合作呢？

创业计划书绝不以篇幅取胜。冗长的篇幅只会给人“重点不清，层次不明”的感觉。越是好的项目，越是好的创业计划书，就越简洁清晰、重点突出、一目了然。

三、创业计划书与商业计划书的区别

创业计划书与商业计划书的区别体现为以下两点。

（一）用途不同

创业计划书是创业者或创业团队为了厘清创业思路而梳理出来的框架性文件，主要用于内部讨论，提出初期行动大致计划和步骤指引。阅读对象主要是创业团队相关人员。

商业计划书是对企业或项目的运营现状及商业计划进行系统性的描述和分析，主要用于对外融资或合作。阅读对象是潜在的股权融资投资者或债权融资出资人等。

（二）内容不同

创业计划书的重点是描述创业做什么，准备怎么做，以及对相关的工作和资源安排做出说明。

商业计划书的重点是商业运营计划，包括企业或项目目的，重点说明商业计划一旦确定，应该如何实施。

任务 2 创业计划书的撰写

一、撰写创业计划书的意义

创业计划书是创业者的创业蓝图与指南，也是企业的行动纲领和执行方案，对创业者获得创业成功具有重要意义。

创业计划书使创业者对创业项目有了更加清晰的认识，对其实施与经营有了更加完善的行动方案。一个创业项目，在创业者脑中纵然经过深思熟虑的谋划，也毕竟是不具体的、不周全的。创业计划书的撰写，可以迫使创业者厘清思路，系统地思考项目实施的各个因素；使创业者不但对已有的谋划有更加深刻清晰的认识，也对项目在实施过程中将要面临的问题与困难有所预见。这些都将给创业项目的实施提供完整周到的规划保障。一旦将创业计划写到纸上，创业者希望改变世界的天真想法就会变得实实在在且冲突不断。创业计划书本身的重要性远不如形成这份创业计划书的过程。即使创业者并不打算融资，也应当准备一份创业计划书。

创业计划书有助于为创业者争取资金等方面的有力支持。创业者的成功往往要借社会之力。创业者要用创业计划书向潜在支持者展示创业项目的潜力和价值，说服他们进行投资和支持。投资者将根据创业计划书对其原始投资做出初步决策。

创业计划书犹如一张独具风采的名片，展示出项目企业的创新意识和对社会的负责态度，帮助企业建立可信度。它不仅成为企业形象的组成部分，而且对企业建立良好的组织环境、争取社会的有效支持起着积极作用。

二、如何撰写创业计划书

（一）创业计划书的撰写原则

创业计划书是向对创业项目可能感兴趣的、潜在的利益相关者说明他们所关心的关于创业项目可行性问题的分析与论证报告。尽管由于行业不同而使创业计划书的具体内容有所不同，但是创业计划书的撰写都有一致的原则。

1 逻辑性强

创业计划书在展示创业项目实施方案的过程中应当有清晰的思路，把项目产生的背景，创业者对项目的商业性分析、对市场的研判，资本运行，管理，收益保障等方面的问题，有理有据地阐述清楚，使各种理由和条件经过论证以后能够必然得出所得结论。通俗地说，要把“我们将要做什么、为什么要做这个、做它干什么、准备怎么做、如何做得好”这些事情说明白，并令人信服。

2. 具有可行性

创业计划书所展示的创业项目实施方案，应当具有可操作性，能够在商业运营中以具体的方式和行为表现出来。比如，经营方式可以以具体的实践行为表现出来，对资本运行效果的评估和预防及解决危机的手段具有可操作性，等等。

3. 重点突出

创业计划书要说明的问题很多，但是对每个问题论证的充分程度可以有所不同。重点论证的问题体现在以下几个方面：

① 项目的独特优势。
② 市场机会与切入点。
③ 问题与对策。
④ 投入、产出与盈利预测。
⑤ 保持可持续发展的竞争战略。
⑥ 可能的风险与应对策略。

4. 简洁精练

创业计划书应该简洁、精练。风险投资家或潜在合作者很难有耐心看完一份冗长的创业计划书。简练、确切、有新意的创业计划书往往能引起他人关注。

（二）创业计划书的总体结构

创业计划书的撰写一般是按照相对标准的文本格式进行的，从结构上分为三大部分。

1. 形式部分

形式部分包括封面、扉页和目录，是创业计划书的外包装。

（1）封面

封面通常包括公司名称、公司地址、电子邮件及通信地址、编制日期、创业计划编号等内容。

（2）扉页

扉页一般为保密承诺（须知）。在保密承诺中，要注明“请收到本创业计划书的贵单位相关负责人签署”。承诺书的内容一般为“本创业计划书内容涉及商业机密，所有权属于本公司/项目负责人，仅对有投资意向的投资者公开，本公司要求投资公司项目经理在收到本创业计划书时做出以下承诺：妥善保管本创业计划书，未经本公司许可，不得向第三方公开本创业计划书所涉及的商业秘密”。最后是承诺人签字及签字日期。

（3）目录

创业计划书一般多达数十页甚至上百页，为了便于阅读和查找，应该在创业计划书正文内容之前设置目录。创业计划书的每个主要部分都应被列入目录，并标出主要页码。

❷ 主体部分

这是创业计划书的正文，是一份创业计划书的主要内容，也是整个创业计划书的核心部分。

❸ 附录

附录有附件、附图、附表三种形式，是创业计划书的补充部分，主要内容包括公司相关的资质材料，生产、技术和服务相关技术资料，市场营销相关资料，财务相关资料。

（三）创业计划书的内容结构

创业计划书的主体内容一般包含以下部分。

❶ 概要

概要是创业计划书的第一项内容，是整个创业计划的高度浓缩，能让忙碌的阅读者迅速对新创企业有一个全面的了解。很多投资者先看概要，感觉有兴趣，才会愿意看完创业计划书的全部内容。

概要应当富有吸引力，要特别突出下列重要内容：

① 企业所处的行业、企业经营的性质和范围。

② 企业的主要产品或服务。

③ 企业的市场在哪里，谁是企业的顾客，他们有哪些需求。

④ 企业的合伙人、投资人是谁。

⑤ 企业的竞争对手是谁，竞争对手对企业的发展有何影响。

2. 企业介绍

企业介绍是对一个企业的概况进行介绍，主要包括以下内容：

① 企业的成立时间、形式、创立者。

② 企业的股东结构，包括股东背景资料、股权结构。

③ 企业的发展简史。

④ 企业的业务范围。

3. 产品或服务介绍

产品或服务部分介绍创业计划的具体承载物，它们是投资最终能否得到回报的关键。产品或服务介绍的内容包括以下方面：

① 产品或服务的特点和竞争优势。

② 产品或服务的市场前景预测。

③ 产品或服务的知识产权保护。

④ 产品或服务的研发情况。

⑤ 产品或服务的生产计划安排。

4. 市场机会分析

清楚而准确的市场机会分析是对风险投资家最具吸引力的内容。市场机会是投资者决定是否进入市场的关键因素。创业者应当尽量采用多种专业的机会分析渠道，力保其准确性、可靠性。市场机会分析可以从以下三个层次进行：

① 宏观环境分析，也叫社会环境分析，对创业所涉及的政治环境、经济环境、社会文化环境、技术环境做出周详分析。

② 中观环境分析，也叫行业分析，分析内容包括行业概述、行业竞争性分析、行业展望等。

③ 微观环境分析，也叫市场需求分析，通过对企业、供应商、营销中介、顾客、竞争者和公众的分析，预测所处行业的未来发展趋势。

5. 市场营销计划

营销计划承接市场分析部分，对如何达到预期销售状况进行描述分析，需要详细说明发掘创业机会与竞争优势的总体营销战略、为扩大产品销售所需的资金数量。同时，应当阐述营销组合方面的情况，包括产品、价格、渠道、促销、对销售人员的激励方式，以及广告或公关策略、媒体评估等内容。

6 财务计划

财务计划是战略伙伴和投资者最为敏感的问题，要求创业者花费较多精力来做具体分析。

创业者要根据创业计划、市场计划的各项分析和预测，在全面评估公司财务环境的情况下，提供公司今后三年的预计资产负债表、预计利润表、预计现金流量表，并对财务指标做出分析。

7 管理能力分析

管理能力分析的具体内容包括以下方面：

① 介绍核心管理者，提高投资者对企业的认知度。

② 介绍创业团队成员状况及优势，展示团队的凝聚力和战斗力。

③ 说明人力资源情况。创业计划书应当考虑现在、未来一年内、未来三年内的人员需求，说明拟设哪些部门，招聘哪些专业技术人才，配备多少人员，薪酬水平如何，是否考虑员工持股，等等。

④ 说明公共关系情况。展示企业公共关系的计划与实施，显示企业的成熟度与社会认同度。

8 融资计划、投资报酬与投资退出说明

（1）融资计划

融资计划说明创业者对资本的需求与安排，提出最具吸引力的融资方案，并说明具体的资金运用规划，目的是使战略伙伴和投资人放心地交付资本。

（2）投资报酬

创业计划书需要用具体数字来描述投资人可以得到的回报。创业计划书需要预计未来 3—5 年平均每年净资产回报率，包括投资人收回投资、回报的具体方式、时间等。

（3）投资退出

该项的撰写需要与投资人商定。投资往往要求在三五年内收回投资。

9 投资风险说明

投资风险说明指出在创业过程中，创业者可能遭受的挫折甚至失败。创业团队必须根据自身的实际情况来描述确实存在的投资风险。此项是为了说明创业团队已经充

分认识到企业可能面临的关键风险，并提出了妥善的预防和解决方案。

学习链接

微课：撰写与展示商业计划书　　微课：项目路演的要点

知识卡片

撰写创业计划书应注意的问题

撰写创业计划书是让阅读者了解企业关于创业项目的战略性部署，创业计划书是积极争取战略支持的说明性工具。

为了保证创业计划书的效力，在撰写创业计划书时要注意以下几个问题。

第一，由于创业项目的性质、创业者的特征、创业计划书的阅读对象有所不同，不同创业计划书的大体内容、重点也不尽相同。创业计划书的撰写要特别注意研究不同阅读对象所关心的问题和期望，动态调整创业计划书的内容，突出重点和优势，以满足各种对象的阅读需求。

第二，创业计划书也是要给别人看的——创业者通过创业计划书向投资人或其他利益相关者解释和说明创业的原因及盈利模式，所以创业计划书一定要结构完整、简洁明了、条理清晰；语言要流畅，态度要乐观，使阅读者有兴趣读完；同时语言要具有专业性，数据调查充分，内容分析具有逻辑性。

第三，创业计划书的制作，外表上要精美而不奢华，内容上格式要规范而不呆板，体现创业特色，体现产品或服务的独特魅力。创业计划书的各个部分要保持语气和风格一致，以避免拼凑感。总之，创业计划书要让人阅后有“在行”的感觉。

第四，最重要的一点是，高质量的创业计划书一定要抓住关键点。打动投资人或其他利益相关者的关键点一般有以下几个：

① 关注产品：产品是创业的关键。无论是对于创业者自己还是对于投资人，能否收回投资并取得盈利，关键就看产品有没有市场。

② 敢于竞争：敢想敢干是我们宣扬的创业风格，它应该表现在创业的各个阶段，也应该感染投资人和其他利益相关者。

③ 了解市场：要有创业的激情。创业计划书对投资人的感染力应建立在对目标

市场的有逻辑的深入分析上。

④ 表明行动的方针：不要只做分析，还要有细致可行的行动纲领来实现对市场的预测。

⑤ 展示管理队伍：卓越的领导集体是创业计划和实践具有科学性、可行性的队伍保证。

⑥ 出色的创业计划书概要：创业计划书的概要是第一个让阅读者对创业项目感兴趣的书面说明。

创新创业实例

混合餐饮创业计划书

一、发展前景

自上初中起，我便开始住校，深知令人头疼的“吃饭”问题，也就是食堂的饭菜问题。学校食堂的饭菜普遍都是以大锅菜的方式做的，因此虽然价格较低但很少能真正受学生欢迎。而学生对食堂饭菜的抱怨则更是“自古有之”。虽然大学生可以到校外就餐，但大多数学生迫于经济因素，还是愿意在学校食堂就餐。饭菜质量得不到保证，会导致很多问题，如学生营养跟不上，甚至有的学生经常不吃饭。于是，营养不良、胃病等不该出现在大学生中的病症也屡见不鲜，这为学生身心健康埋下了隐患。因此，我决定整合食堂和饭店的优缺点，开一家学生自助营养快餐店。

二、店面简介

本店位于大学聚集中心地段，主要针对的客户群体是大学生、教师及打工人员。经营面积约为 80 平方米。主要提供早餐、午餐、晚餐，以及特色冷饮和休闲餐饮等。早餐以浙江等地的南方小吃为主打特色，当然本地小吃也是少不了的。品种多，口味全，营养丰富，使就餐者有更多的选择。午餐和晚餐则有南北方不同口味菜式。而非餐点又提供各种冷饮和水果，如果汁、冰粥、刨冰、冰豆甜汤、冰冻咖啡、水果拼盘等。本店采用自助餐的方式，使顾客有更轻松的就餐环境与更多的就餐选择空间。本店装饰自然、随意，同时富有现代气息，墙面采用偏淡的暖色调，厨房布置合理精致，采光性好，整体感观介于家庭厨房与酒店厨房之间。

三、发展战略

其一，本店开业之前，要做广告宣传。因为主要客户群体是学生，而信息在学生中传递的速度快、广度大，所以在宣传上可不用费太大的力气，只需采用传单或多媒体（如音响）等形式的简单广告即可。

其二，本店采用自助餐的方式，免费供应茶水和鲜汤。米饭的质量相对于竞争者要高，可采取不同的做法，使口感与众不同，以求有别于竞争者，给顾客更多的优惠，以吸引更多的客源。此外，本店还推出“烧烤+冷饮+八宝饭”等情侣套餐，由于存在休闲饮食的市场空缺，这也将成为本店的一大特色。

其三，有许多学生习惯于“三点一线”的生活方式，很多时候为了节约时间会选择最近的就餐地点就餐，所以在地理位置的选择上，本店不会离学校大门太远。本店在适当的时候还将推出送外卖的服务，根据不同情况采取相应的做法。例如，若有三份以上（包括三份）的叫量可以免费送货上门，单独叫外卖的需要交付一定的送货费，这样做还有一个好处，为了不出送货费，学生或许会拉上同学一起订本店外卖，如此也是能增加销量的。

其四，本店餐厅使用不锈钢制的自助餐盘，既节约成本又环保，也不会随便倾倒废弃物，可以与养殖户联系，让其免费定期收取废弃物，如此可以互利互惠。据悉，我们的竞争者在这方面做得并不到位，而良好的就餐环境是可以吸引更多顾客的。

其五，暑假期间虽然顾客数量会骤降，但毕竟还有部分留校学生、附近居民及打工人员，届时可采用减少生产量、转移服务重点等方式，以改善暑期的经营状况。寒假期间就考虑休业一个月，以减少不必要的成本支出。

其六，市场经济是快速发展、动态变化的，因此要以长远的眼光看待一个企业的发展，制订长期发展计划，每过一个阶段就对总体经营状况进行总结，并制订出下一步计划，如此形成阶梯状的发展模式。在经营稳定后，可以考虑扩大经营规模，增加其他服务项目，并可以寻找新的市场，做连锁经营，并慢慢打造自己的品牌，可以往专为学生提供饮食的模式发展。总之，要以长远的眼光看待问题，如此才能保证企业的未来发展。

四、管理结构及经营理念

店长兼收银员 1 名，厨师 1 名，服务生 2 名。

经营理念侧重以下几点：

① 主要的文化特色：健康关怀、人文关怀。

② 主要的产品特色：具有食疗保健功能的素食餐品。

③ 主要的服务特色：会员制的跟踪服务。

④ 主要的环境特色：具有传统文化气息的绿色就餐环境。

五、市场分析

大学食堂的饮食质量不高已成为公认的问题，大学食堂仅是满足了学生的温饱需求，而口味却远远没有达到学生的要求。

本计划就是根据这一点，为了保障大学生的饮食安全，提高大学生的饮食质量，成立大学饮食联盟，旨在为高校大学生提供价格低廉、安全高质并富有特色的食品，并且同时为各高校提供一定的勤工助学岗位，帮助贫困生更好地完成学业。

六、促销和市场渗透

1. 促销策略

① 前期宣传：大规模，高强度，投入较大。

② 后期宣传：重视已有顾客关系管理，借此进行口碑营销。定期进行具体活动的策划和组织，如赞助学校组织的晚会。针对节假日，开展有针对性的促销活动，如发传单宣传等。

七、财务状况分析

据初步计算，餐厅启动资金需要约13 600元（场地租赁费用5 000元，餐饮卫生许可等证件的申领费用600元，场地装修费用3 000元，厨房用具购置费用1 000元，基本设施及其他费用等4 000元）。

运营阶段的成本主要包括员工工资、物料采购费用、场地租赁费用、税费、水电燃料费、杂项开支等。

根据预算分析及相关调查，可初步确定市场容量，并大致估算出每日营业额，收益率为30%，由此可计算出投资回收期约为5个月。

经初步核算，基本投资费用在50万元左右。

八、营销组合策略

1. 有形化营销策略

由于本店的经济实力尚弱，初期将采取避实就虚的营销战略，避开大量的硬广告营销，而采取一整套行之有效的“承诺营销”进行产品宣传。通过菜单、海报、文化手册、促销活动等向消费者进行宣传，倡导“天之素”的经营宗旨与理念。

2. 技巧化营销策略

为了能够在顾客心目中树立起权威感和信赖感，本店将建立一套完整的会员信息反馈系统，实现营销承诺。

九、大力打造“绿色食品”的品牌形象

根据餐饮业竞争激烈、模仿性强，以及食疗产品具有时节性强的特点，实现对企业的外显文化和内隐文化的有机整合，加强企业的品牌保护意识与能力。围绕以“健康、绿色”为核心的品牌特征，本店将通过树立绿色形象，开发绿色产品，实行绿色包装，采用绿色标志，加强绿色沟通，推动健康消费来实现营销目标。作为一个餐厅，开展绿色营销，我们有着天然的优势，本店将严格贯彻绿色餐厅的标准，无论是在原料采购、食品加工方面还是在卫生环境方面，都将严格把关，努力营造出朴素典雅又不失时尚的就餐环境，通过设计餐厅的布局、装饰风格、温度等，体现健康绿色的理念。

十、店面设计

1. 视觉识别

① 店名：一方面，应该和自己的经营业务有紧密的相关；另一方面，要照顾到经营场所是在校园周围，要有青春气息。店名应有格调，意味悠长。

② 招牌颜色：以黄色、红色、橙色等暖色为主，辅以轻快活泼的冷色，彰显时尚、雅致。

2. 店面布局

恰当运用灯光、地毯、隔断等元素，有效利用空间，做到错落有致。可适当设计一些较为私密的桌位，使长时间逗留的顾客充分享受那份怡然自得的情调。分区布局，让每个细分群体的消费者都有自己喜爱的角落和桌位。

① 灯饰和灯光：灯饰是餐厅装饰的重要元素，选择不同样式的灯饰可以有效增强餐厅的美感。灯光是烘托餐厅气氛的重要部分，可以选择不同颜色的灯光，烘托出餐厅宜人的气氛。同时，应该为顾客保留在就餐空间按照自己的要求调节灯光的权利。

② 墙面装饰和窗帘：按照季节及时调整各种织物的材质、图案，尽量保证颜色和谐，显示餐厅的格调。

③ 桌位：桌位设计和摆放应该总体上和谐，但应有所差异，避免给消费者大排档那样的感受。

④ 工艺品摆放：工艺品的选择应该贴近餐厅气氛和消费者偏好，突出餐厅的品位。

⑤ 餐具：应干净、整洁，体现餐厅的特色或形象。

⑥ 背景音乐：以浪漫、柔和的轻音乐为主，音量适中。

十一、市场风险

1. 内部管理风险

餐饮业是一个技术含量相对较低的行业，但是它需要严格的管理才能赢得消费者的信赖，但大多数中国自办的餐厅存在着内部管理松散、服务人员素质较低等问题。建立现代企业制度、健全企业经营机制、强化企业内部管理关系着企业的生与存、成与败。

2. 原料获取风险

本店的原料以绿叶菜、豆类、菌类为主，尤其本店是以保健为主的餐厅，因此在原料的选择上需要专业的知识和技术，只有这样才有利于采购到新鲜、天然、无污染的绿色食品。

想一想：

1. 你觉得这份创业计划书描述的创业计划是否可行？为什么？
2. 这份创业计划书的不足之处有哪些？

实训任务

实训目的：掌握分析创业机会的方法和工具，培养创新创业精神和能力。

实训内容：学习撰写创业计划书。

实训时间：在教师的指导下利用课余时间及 2 学时课内时间完成。

实训要求：

① 每 5—7 名学生自由组成一个创业团队，每个团队独立完成一份创业计划书的撰写。

② 学生必须认真填写实训报告，不得抄袭。

③ 统一用小四号字，一级标题加粗，页面上下左右边距均为 20 mm，左边装订。

④ 语言精练，言简意赅，用语规范。

⑤ 创业计划书涉及的企业/产品/市场情况一定要实事求是，填写真实的信息。

⑥ 创业计划书的数据要建立在充分调查实践的基础上，并将调查材料作为附件装订在报告后面。

实训结果：

① 创业计划书将被记入“大学生创新创业基础”课程的最终成绩。

② 创业计划书将被收回存档，不得遗失，请自行保留复印件。

③ 教师承诺对创业计划书的内容进行保密。

延伸思考

你认为一份成功的创业计划书应该包括哪些要素？

模块七

创业融资

知识目标

★ 了解与知道

1. 创业融资的概念与流程；
2. 创业融资应该注意的问题。

★ 理解与熟悉

创业融资渠道。

★ 掌握与应用

能够根据创业的具体情况选择合适的融资渠道。

任务 1 创业融资概述

一、创业融资的概念

创业融资即创业过程中筹集资金的行为和过程，即创业企业根据自身的生产经营状况、财务状况及未来经营发展的需要，通过科学的预测，采用一定的方式，从一定的渠道向投资人或债权人筹集资金，保证企业正常生产经营活动需要的理财行为。

资金是企业经营活动的第一推动力、持续推动力。企业能否获得稳定的资金来源、及时足额筹集到生产要素组合所需要的资金，对企业经营和发展至关重要。企业需要为正常的生产经营发生的资金周转进行融资；企业为了添置设备、扩大规模、引进新技术和开发新产品需要进行融资；企业为了对外投资、兼并其他企业需要进行融资；企业为了偿付债务和调整资本结构也需要进行融资；等等。

二、创业融资的方法

（一）创业融资的轮次

创业融资的轮次包括以下几个。

1 种子轮

在种子轮，企业只有创意而没有具体的产品或服务，缺乏初始资金投入。

2 天使轮

在天使轮，企业有了初步产品或服务，初步形成了商业模式，同时积累了一部分核心用户。

3 A 轮

在 A 轮，企业的产品或服务基本成熟，有的企业会增加一轮融资。

4 B 轮

在 B 轮，企业经过融资获得了较大发展，甚至开始盈利，其盈利模式趋于完善。

5 C 轮

在 C 轮，企业已经非常成熟，除了准备上市外，也有企业选择进行 D 轮融资，甚至更多轮的融资。

6 IPO 阶段

IPO 即首次公开募股，在这个阶段，一家企业第一次将它的股份向公众出售。一般来说，一旦公开上市完成后，这家企业就可以申请到证券交易所或报价系统挂牌交易。

（二）创业融资的步骤、时机与测算

1 融资步骤

第一步：衡量——衡量创业项目的市场估值。

第二步：确定额度——根据市场估值确定所需的融资金额。

第三步：寻找投资人并向其展示或阐述创业项目的商业计划。

第四步：投资人若对创业项目有兴趣，就会对企业估值有个出价，当双方都认同股权的价值时，就可以签约融资了。

❷ 融资时机

绝大部分企业是在需要资金的时候去融资，但融资的最佳时机实际上是企业不需要资金的时候。

❸ 融资测算

在进行创业融资之前，需要对融资进行测算。创业融资测算对于创业者有很大意义：一方面，准确测算筹集资金既可以防止资金不足带来的经营风险，也可以防止筹资过多带来的财务风险；另一方面，通过科学的融资测算，对内可以对企业运营和相关资金使用有全面的认识，对外可以展示企业的能力和效率。高水平的融资测算需要我们精通会计学、管理学、经济学等学科的知识，这涉及企业战略管理、财务管理等各方面的均衡，专业人士一般是通过财务报表的盈亏平衡分析来预测和估算资本需求的。

表 7.1 为创业企业启动资金的一般内容，对更好进行资金测算有一定帮助。

表 7.1 创业企业启动资金的一般内容

启动资金类型	主要内容	资金明细
固定资产	公司设备	生产机器、办公设备、车辆、家具
	厂房	公司建筑、地皮
流动资产	生产成本	原材料、存货
	劳务成本	员工薪资
	销售费用	促销费用、销售人员工资、宣传推广费用
	管理费用	管理人员工资、办公用品费、办公费、培训费等
	财务费用	融资成本等
其他费用		注册费、营业执照费等

学习链接

微课：创业启动资金　　　微课：创业财务管理

创新创业实例

创新发展高原特色农产品，带领乡亲创业走上致富路

赵敏是云南经贸外事职业学院2009级会计专业学生，在校期间就积极进行勤工俭学，比如在餐馆、超市打工，周末到学校老师推荐的企业实习，学习成绩优异。

赵敏一直有一个创业梦想。赵敏先是和几个同伴一起开火锅店，后来进入一家汽车4S店做售后服务，一直做到董事长助理，但是她创业的梦想从没有被磨灭过。为了实现自己的创业梦想，她和丈夫看到冷饮行业的机会，代理“紫米露”等冷饮品牌，到保山市租了一个铺面，在学校旁边售卖冷饮。经过近两年的发展，逐渐在省内多个地方拥有总计8家店。

然而，当事业蒸蒸日上的时候，赵敏的女儿却检查出先天性髋关节脱位。为了自己的事业，赵敏对女儿照顾和陪伴太少，这让赵敏的内心充满了愧疚。为了给女儿治病，方便女儿的治疗和恢复，赵敏选择回到自己的老家大理。正是在照顾女儿恢复的过程中，敏锐的创业者嗅觉让她发现了身边的创业机会，她紧紧地把握住了这个机会。

2016年一个偶然的机会，赵敏在朋友圈里回复了一句“紫胡萝卜我们洱源有”，而这竟让洱源县的紫胡萝卜意外“触网”。“当天朋友就向我下了150多公斤的订单，这让我萌生了创建‘紫玉萝’品牌的念头。”赵敏抓住了机会，开始走上了创建“紫玉萝”——云南高原紫胡萝卜品牌，以电商打开销路，帮助乡亲增收的创业之路。

经过两年的努力，赵敏和她的团队致力在品牌管控和助农增收上下功夫。通过“公司+基地+农户”的模式，采用标准化规范种植，实行统一种植、管理、服务、销售，做好品控和物流售后，并引进智慧农业体系，实现农业生产环境的智能监控，使紫胡萝卜成为洱源县看得见的地标性农产品，真正实现了带领家乡村民致富的愿景。

赵敏的创业过程得到了云南经贸外事职业学院的大力支持：创业初期，学院和老师为其提供创业孵化场地、创业项目指导；在创业过程中，学院和老师积极为其开拓

多方资源和销售渠道，为其顺利开展创业活动提供了帮助。学院领导还经常关心和慰问赵敏，并不断为其获取更多的创业支持。

赵敏结合自己的专业学习背景，放弃城市生活，回到农村发现自己家乡的高原特色农产品，并借助于互联网手段将这些特色农产品销售出去，然后持续地寻找更好、更多的销路，并且逐渐扩大规模，带领乡亲实现标准化种植等，最终在带领乡亲致富的同时实现了自己的创业梦。

想一想：

1. 如果你是赵敏，你会采取什么样的融资方式？请说明理由。

2. 根据上述创业案例，思考一下你的家乡是否有类似的创业资源或创业机会。请与同学们分享讨论。

延伸思考

1. 创业企业一定要融资吗？
2. 投资人在投资时关注哪些方面？

任务 2 创业融资渠道

一、创业融资渠道的含义

创业融资渠道是企业依据自身发展现状，结合未来预期，通过一定方式进行资金筹集的过程，这些方式统称为渠道。

二、主要的创业融资渠道

创业融资的主要渠道有私人资本融资、机构融资、高校创业基金、政府扶持基金、风险投资、天使投资、众筹融资、网络借贷等。

（一）私人资本融资

私人资本融资简单来说就是创业者的个人积蓄投入和其关系网中的亲友融资部分，以及合伙融资。

1. 个人积蓄投入

创业者的个人积蓄投入对于创业企业来说相当重要，绝大多数创业企业的最初始投资都来自创业者自己的积蓄。个人积蓄投入反映了创业者对所创办企业的态度。个人积蓄投入大则表明创业者对未来企业的发展充满信心。此外，个人积蓄投入也是对未来企业债权人的一种保障。一般来说，企业能够获得的债务融资以出资人投入为限。不同的创业项目资金需求量大不相同，对于大多数创业者来说，个人积蓄投入对于企业来说是十分有限的，完成创业融资还需要结合其他的融资渠道。

个人积蓄投入的优点：一是方便快捷，自己的钱自己说了算；二是投入的资金是自己的，创业者不必承担来自投资人的压力；三是可以形成一种有效承诺，彰显创业者的创业信心。

个人积蓄投入的缺点：一是资金量较小；二是现金持续流入能力有限。

2. 亲友融资

亲友融资从字面意思看即通过向亲友借钱的方式融资。大学生创业者初次创业，社会经验少，缺少人脉资源，筹集创业启动资金最简单有效的途径就是向自己的亲友借钱，这是负债融资方式的一种。但这种融资方式所筹集的资金往往很有限。亲友融资是私人资本融资的一个重要方式，在大多数创业企业中起着关键作用。在中国，以家庭为中心的亲友网络更愿意认同创业者的融资方案，从而愿意投入资金作为支持。

对于亲友融资，创业者也应按照市场规则和相应的法律形式来约束融资行为，以保障各方合理利益，减少不必要的纠纷。首先，创业者应明确所筹集资金的性质，是股权性质还是债权性质，并划清各方的权利和义务。对于借入资金，应向对方说明具体的利息和还款期限；对于入股资金，应承诺未来股息红利的分配比例等。其次，创业者应采取必要的法律形式，如通过书面形式确定融资的具体细节等，以防将来可能出现矛盾。最后，创业者应考虑到此举对双方关系可能产生的影响，毕竟创业有风险，融资金额不是小数目，当发生意外时应该如何应对，创业者要做到心中有数，如实向亲友说明情况，让双方思考过后再进行融资。

亲友融资的优点：向亲友融资，可免去一些手续，甚至可以避免利息的增加或减少利息，也不需要审核，不需要资产抵押，相对较方便。

亲友融资的缺点：融资金额小，处理不好会损害亲友关系。

3 合伙融资

在大学生创业中，其实单人创业的并不多，很多人会选择与同学或志趣相投的朋友一起创业，这就形成了大学生创业融资的另一途径——合伙融资。合伙融资即按照共同投资、共同经营、共担风险、共享利润的原则，直接对个人或相关单位的投资进行吸收的一种融资途径。合伙融资是大学生创业融资的一种常见方式，一个人的资金力量薄弱，几个人凑在一起可以从多个合伙人处筹集资金，也可以提高大学生的筹资能力。

合伙融资的优点：一是能有效筹集更多资金，还能一起偿还债务，可以减轻个人压力，有助于提高创业者的信誉；二是分配机制灵活，收益和利润分配完全看合伙人之间的约定；三是资金使用效率高，合伙人之间会相互监督。

合伙融资的缺点：一是合伙人员增多，会造成决策多方向问题，可能导致创业失败；二是合伙人的诚信无法保证。

（二）机构融资

各类金融机构是市场融资的主体，创业者可以充分利用金融机构的资金优势来获得创业融资。

❶ 银行贷款

作为传统的融资方式，银行贷款主要有信用贷款、抵押贷款和担保贷款。

信用贷款是指以借款人的信誉发放的贷款，借款人无须提供担保。对于创业者尤其是大学生创业者来说，在创业之初很难获得银行认可的信用等级，因此获得大额信用贷款的概率会比较低。

抵押贷款是指借款人将一定的抵押品作为物品保证向银行取得的贷款。抵押品通常包括有价证券、房地产，以及货物的提单、仓库栈单或其他各种证明物品所有权的单据。贷款到期，借款人必须如数归还，否则银行有权处理抵押品。

担保贷款是指由借款人或第三方依法提供担保而发放的贷款。当借款人不能足额提供抵押（质押）时，应有贷款人认可的第三方提供承担连带责任的保证。保证人是法人的，必须具有代为偿还全部贷款本息的能力，并且在银行开立有存款账户。保证人是自然人的，必须有固定经济来源，具有足够的代偿能力，并且在贷款银行存有一定数额的保证金；保证人与债权人应当以书面形式订立保证合同。保证人发生变更的，必须按照规定办理变更担保手续，未经贷款人认可，原保证合同不得撤销。担保贷款包括保证贷款、抵押贷款、质押贷款。根据《中华人民共和国民法典》的规定，机关法人不得为保证人，但是经国务院批准为使用外国政府或者国际经济组织贷款进行转贷的除外；以公益为目的的非营利法人、非法人组织不得为保证人。为了顺利取得银行贷款，创业者应该选择那些实力雄厚、信誉好的法人或公民作为贷款保证人。

银行贷款的优点：一是资金来源稳定，银行实力雄厚，资金充足，能满足融资需求；二是费用少，利息成本较低，相对于其他融资工具，银行贷款是成本最低的一种，银行利率也是相对有优势的；三是银行贷款速度快，只要提交的材料符合银行要求，就可以快速得到资金；四是优惠政策多，可以在一定程度上减少企业的经济压力。

银行贷款的缺点：一是办理手续和提交材料较多，过程烦琐；二是抵押物要求较为严格，有时须第三方担保；三是对信用要求较高，需要较高的信用记录，否则很难通过审核。

❷ 非银行金融机构融资

非银行金融机构泛指除银行之外的金融机构，包括证券期货公司、信托公司及各类基金投资公司。这些金融机构通过发行股票、债券、信托产品、投资基金等方式，利用金融产品为资金需求方解决资金筹措问题，提供融资渠道。创业者可根据自身情况选择相应的非银行金融机构进行融资。

非银行金融机构融资的优点：一是门槛低，通过工资流水就可以申请；二是用途灵活。

非银行金融机构融资的缺点：一是利息高，由于门槛低，承担的风险也更高，为了降低风险，贷款利率往往较高；二是安全性低，各种机构鱼龙混杂，会有被骗风险。

3. 中小企业互助机构贷款

中小企业互助机构贷款是指在符合条件的中小企业向银行贷款时，由法定担保机构给作为融资方的中小企业提供担保，以获得银行贷款。当债务人不能履行债务合同时，担保机构应承担约定的债务偿还责任，从而保障银行的权益。从本质上说，这种融资渠道是一种变相的信用贷款，银行以担保机构的信用为依据向资金需求方提供贷款，达到分散风险的目的。创业者可根据中小企业互助机构的具体要求，签订担保贷款合同，从而获得银行贷款。

中小企业互助机构贷款的优点：一是资金流转快，不容易形成死账；二是发展前景好。

中小企业互助机构贷款的缺点：中小企业互助机构规模小，抗风险能力弱，管理者能力与大型企业相比有一定差距，融资体系不完整。

4. 交易信贷

交易信贷是一种商业信用贷款，即企业通过正常经营活动中的延期付款、预收款等方式，获得一定时期内的免息资金。例如，企业可通过延期支付部分进货款的方式，达到在一定时间内免费使用供应商资金的目的。创业企业可根据和其他企业的合同关系，制定相应的款项支付策略，以获得交易信贷，从而提高企业资金使用效率，达到变相融资的目的。

交易信贷的优点：一是融资速度较快，融资成本较低；二是不会影响企业控制权，相对于股权融资，借款条件灵活。

交易信贷的缺点：一是经营压力较大；二是财务风险较大；三是限制条款较多。

5. 融资租赁

融资租赁又称设备租赁，是指出租人根据承租人对租赁物件的特定要求，出资向供货人购买租赁物件，并租给承租人使用，承租人则分期向出租人支付租金，在租赁期内租赁物件的所有权属于出租人，承租人拥有租赁物件的使用权。融资租赁实质上是转移与资产所有权有关的全部或绝大部分风险和报酬的一种租赁方式。资产的所有权最终可以转移，也可以不转移。租期届满，租金支付完毕并且承租人根据融资租赁合同的规定履行完全部义务后，对租赁物件的归属没有约定或约定不明的，可以协议补充；不能达成补充协议的，按照合同有关条款或交易习惯确定；仍然不能确定的，租赁物件的所有权归出租人所有。

创业企业在初期运营时，通过融资租赁方式可获得急需资产的使用权，相对减少投资资金占用，获得部分或全部的租赁资产债务信用，以缓解创业企业资金紧张的局面。

融资租赁的优点：一是在资金缺乏状态下，可以迅速获得所需资产；二是财务风险小，租金可以通过项目本身产生的收益来支付；三是融资租赁筹资的限制条件较少；四是融资租赁能延长资金融通的期限。

融资租赁的缺点：资金成本高，通常比银行贷款或发行债券的利息高。

（三）高校创业基金

大学生就业工作是高校工作的重中之重，以创业带动就业的方式能够缓解高校就业工作压力。许多高校不仅开设创业教育课程，而且对大学生进行资金支持。高校在大学生创业期间起到了一种鼓励、促进的作用。在高校方面，主要融资途径是高校创业基金。大多数高校都设立了相关的创业基金来鼓励本校学生进行创业尝试。一些高校成立了大学生创业基金和创业孵化园，每年通过比赛等活动对获得优胜的创业方案进行资助和提供创业孵化入驻。学校对于大学生创业不但有资金上的帮助，还有教师、校友、知识技术等方面的支持，创业者应该要合理、有效地利用这些资源。

高校创业基金的优点：能更快获得资金支持，门槛较低。

高校创业基金的缺点：一是资金量少，更多的是提供平台；二是需求量大，竞争激烈。

（四）政府扶持基金

政府扶持基金即政府针对企业或研究单位提供一系列优惠政策，企业再根据政府的政策规定进行申报，以获得政府专项资金支持的一种融资模式。一般来说，政府扶持基金的政策对象集中于科技型企业，通过专项资金引导科技型中小企业进行技术创新，从而使其具备核心技术，以便企业发展壮大。政府扶持基金的支持方式主要有贷款贴息、无偿资助、资本金投入等。不同政府部门和各级地方政府还会制定相应的基金引导政策，如科技部的“火炬计划”“863 计划”等，对特定领域内的科技型企业提供资金支持。创业者应根据创业项目的特点，力求争取到符合条件的政府扶持基金支持，降低企业融资难度。

近年来，国家对大学生创业日益重视，政府相继出台了一些针对大学生创业的资金扶持政策。如政策规定：各国有商业银行、股份制银行、城市商业银行和有条件的城市信用社要为自主创业的毕业生提供小额贷款（额度在2万元以内），并简化程序，提供开户和结算便利。贷款期限为两年，到期确需延长的，可申请延期一次。地方政府也为大学生创业提供了许多优惠条件。这些创业扶持资金对于大学生创业者有一定作用。

政府扶持基金的优点：成本低，融资方式相对容易简单。

政府扶持基金的缺点：一是额度小；二是大多支持高新技术产业，对其他产业企业的支持相对较少；三是竞争激烈。

（五）风险投资

广义的风险投资泛指一切具有高风险、高潜在收益的投资；狭义的风险投资是指以高新技术为基础、生产经营技术密集型产品的投资。一般来说，风险投资是专业风险投资公司对具有相当增长潜力的企业进行的战略性投资。签订风险投资协议后，风险投资家积极参与企业管理，帮助企业做大做强，在企业发展到一定阶段后，风险投资公司通过第三方收购或IPO等方式退出所投资企业，以获得巨额风险回报。因为投资期限长，所投资企业当前实力不佳但具有较大发展空间，不确定性风险巨大，所以风险投资标的一般选择具有核心技术的科技型企业或具有独特发展模式的新兴企业。风险投资具有以下特点：以投资换股权方式积极参与对新兴企业的投资；协助企业进行经营管理，参与企业的重大决策活动；投资风险大、回报高，由专业人员进行各项风险投资；追求投资的早日回收，而不以控制被投资企业所有权为目的；风险投资公司与创业者的关系建立在相互信任与合作的基础之上；投资对象一般是具有高成长潜力的高科技企业。

风险投资的优点：一是资金量大；二是投资时间长；三是比其他融资更稳定。

风险投资的缺点：一是约束要求高；二是股权收益份额重。

（六）天使投资

天使投资属于风险投资的一种形式，更多的指自由投资人对企业进行的早期权益性资本投资。也可以说，天使投资是一种“民间”的风险投资。和风险投资类似，天使投资人的投资标的集中于起步阶段的企业，成为创业企业的第一批投资人。

和风险投资相比，天使投资的特点在于：投资金额相对于风险投资来说往往比较小，并且是一次性投入。投资决策往往取决于天使投资人的个人判断，项目审查没有风险投资那么严格。天使投资人不一定是专业投资人，可能是企业家、创业者的同事、亲人或朋友。天使投资人一般不参与企业管理，但能给创业企业带来相当的社会网络资源。

天使投资的优点：灵活性强，能够在较短时间内聚集资金进行投资。

天使投资的缺点：金额一般较少，而且是一次性投入。

（七）众筹融资

众筹融资即大众筹资或群众筹资，由发起人、跟投人、众筹平台构成，具有低门槛、多样性、依靠大众力量、注重创意的特征，是指一种向群众募资，以支持发起的个人或组织行为。一般而言，是通过网络上的平台联结起赞助者与提案者。相对于传统的融资方式，众筹融资更为开放，能否获得资金也不再以项目的商业价值为唯一标准。只要是网友喜欢的项目，都可以通过众筹方式获得项目启动的第一笔资金，这为更多小本经营或创作的人提供了无限的可能。

众筹融资的优点：一是进入门槛低；二是可以提供一个不错的宣传平台；三是成本低。

众筹融资的缺点：一是缺乏创业指导；二是压力较大，竞争较激烈；三是投资人不专一。

（八）网络借贷

网络借贷，即在借贷过程中，资料审核与资金发放、合同、手续等全部通过网络办理，它是随着互联网的发展和民间借贷的兴起而发展起来的一种新的融资模式。

网络借贷的优点：一是无抵押，手续简单，快速便捷；二是资金来源广泛。

网络借贷的缺点：一是易上当受骗，风险高，利率高；二是管理制度不够完善。

面对众多的融资渠道，创业者可根据创业企业所处行业和发展方向来对融资渠道进行筛选，选择最适合自身的融资渠道。

学习链接

微课：创业融资

创新创业实例

请再次阅读模块三任务三中的创新创业实例“优秀毕业生李腾的创新创业教育之路”。

想一想：

1. 李腾创业过程中的融资方式有哪些？
2. 看完李腾的创业融资过程后，请思考在创业融资过程中应该注意些什么？
3. 你从李腾的创业融资过程中得到了什么启发？

实训任务

我们组是大富翁

任务描述：课前教师准备好一副扑克牌，分发给学生，然后进行模拟创业融资。	
步骤一	划分小组，采用兴趣组合方式进行分组，每组以 4—6 人为宜。
步骤二	以小组为单位讨论，拟定一个小组的创业项目需要多少资金。
步骤三	将扑克牌分发给学生，每张牌代表 10 万元投资。
步骤四	各个项目团队开展融资活动，争取拿到尽可能多的扑克牌。
步骤五	统计各小组获得的扑克牌张数，折算成金额，标示在下面的表格里。
步骤六	融资金额最高的团队代表发言，教师点评。

小组名称及团队成员	创业项目	融资次数/轮	融资数额/万元
合计			

延伸思考

1. 在学完本模块后，你知道了哪些融资渠道？
2. 请选择一家自己知晓的企业，把该企业的创业融资过程一一列出。

模块八 创业风险

知识目标

★ 了解与知道

1. 创业风险的类型；
2. 创业风险的管理措施。

★ 理解与熟悉

1. 实际项目的创业风险分析；
2. 有效的创业风险管理措施制定。

★ 掌握与应用

理性对待创业过程中出现的风险并对其进行管理。

任务 1 创业风险概述

一、创业风险的含义、特征及构成

（一）创业风险的含义

创业风险是指创业环境的不确定性，创业机会与创业企业的复杂性，创业者、创业团队与创业投资者的能力和实力的有限性导致创业活动偏离预期目标的可能性及其后果。

（二）创业风险的特征

❶ 客观性

创业风险是客观存在的，是不以人的意志为转移的。在创业过程中，内外部事务发展的不确定性是客观存在的，因而创业风险也必然是客观存在的，如天灾、人祸等纯粹风险。

❷ 不确定性

创业的过程往往是将创业者的某一个“奇思妙想”或创新技术变为现实的产品或服务的过程。在这一过程中，创业者面临各种各样的不确定因素。如：可能遭受到已有市场竞争对手的排斥；进入新市场面临着需求的不确定；新技术难以转化为生产力；等等。

❸ 损益双重性

风险带来的影响不仅包括损失，而且包括收益。风险越高，收益可能越大。所以，回避风险，同样意味着回避收益。如：某些海外投资项目、部分理财产品等。

❹ 相关性

创业者面临的风险与其创业行为及决策是紧密相关的。同一风险事件对不同的创业者会产生不同的风险结果，同一创业者由于其决策或采取的策略不同，会面临不同的风险结果。如：技术标准提高这一技术类风险事件，对大学生产生的可能是低风险，对农民工产生的可能是高风险。

❺ 可变性

当创业的内部与外部条件发生变化时，必然会引起创业风险的变化。如：投资方负责人变动，不再对创业企业进行投资。

❻ 可测性与测不准性

可测性是指创业风险可以通过定性或定量的方法进行估计。测不准性是指对创业风险的预测与实际结果常常会出现偏离误差范围的状况，如创业产品周期的测不准与创业产品市场的测不准。

（三）创业风险的构成

❶ 风险因素

风险因素又称风险条件，是指能够引起或增加风险事件发生的机会或左右损失严重程度的因素，是风险事件发生的潜在条件。

创业风险因素从形态上可以分为人的因素和物的因素两个方面。人的因素如意识风险、道德风险、心理风险等。物的因素如技术的不确定性、经济条件的恶化等。

❷ 风险事件

风险事件是风险因素综合作用的结果，是风险损失产生的媒介物。创业风险事件是指使创业风险的可能性变成现实，以致引起损失后果的事件。如：经济条件的恶化导致销售下降，产品被测试出含有致癌物质导致产品召回，等等。

❸ 风险损益

风险损益是指风险事件的出现给创业者或创业企业带来的能够用货币计量的经济损失或收益，包括直接损益和间接损益。例如，产品研发失败引起的损失或无法及时将产品投放市场而又恰遇产品畅销带来的损失。

二、创业风险的主要来源

创业风险的主要来源表现为融资缺口、研究缺口、信息和信任缺口、资源缺口、管理缺口。

（一）融资缺口

融资缺口存在于研究成果（发明专利）、产品原型商业化之间，可能表现为研究基金和投资基金缺口。

研究基金通常来自个人、政府机构或公司研究机构，它既支持概念的创建，又支持概念可行性的最初证实；投资基金则支持将概念转化为有市场需求的产品原型。如：没有足够的资金将研究成果或产品原型商品化，进而给创业带来一定的风险。

（二）研究缺口

研究缺口主要存在于仅凭个人兴趣所做的研究判断与基于市场潜力的商业判断之间。

当一个创业者最初证明一项特定的科学突破或技术突破可以成为商业产品时，他仅仅停留在自己满意的论证程度上。然而，这种程度的论证后来不可行了。在将预想的产品真正转化为商业产品（大量生产的产品）的过程中，即具备有效的性能、低廉的成本和高质量的产品，能从市场竞争中生存下来的过程中，需要进行大量困难且可能耗资巨大的研究工作（有时需要几年时间），进而形成创业风险。如：某项“挑战杯”科研成果转化为商业产品，还需要深入研究。

（三）信息和信任缺口

信息和信任缺口存在于技术专家与管理者或投资人之间。

技术专家比较了解哪些内容在科学上是有趣的，哪些内容在技术层面是可行的，哪些内容根本就无法实现。管理者或投资人通常比较了解将新产品引入市场的程序，但当涉及具体项目的技术部分时，他们不得不相信技术专家。如果技术专家与管理者或投资人之间不能充分信任，或者不能进行有效交流，那么这一缺口将会变得更大，带来的风险也更大。

（四）资源缺口

资源与创业者之间的关系就如同颜料和画笔与艺术家之间的关系。没有颜料和画笔，艺术家的构思就无从实现。

在大多数情况下，创业者不一定也不可能拥有所需的全部资源，这就形成了资源缺口。如果创业者没有能力弥补相应的资源缺口，要么创业无法起步，要么在创业中受制于人。如：五星级酒店缺乏公司团队客户。

（五）管理缺口

管理缺口是指创业者并不一定是出色的企业家，不一定具备出色的管理才能，由此带来管理风险。如：创业者利用某一新技术进行创业，他可能是技术方面的专业人才，但不一定具备专业的管理才能，从而形成管理缺口。创业者往往有某一“奇思妙想”，可能是新的商业点子，但他在战略规划上不具备出色的才能，或者不擅长管理具体的事务。

知识卡片

大学生创业产生风险的原因

1. 社会资源贫乏

由于长期身处校园，大学生掌握的社会资源非常有限，而企业创建、市场开拓、产品推介等工作都需要调动社会资源，大学生在这方面会感到非常吃力。

2. 缺乏创业技能

很多大学生创业者眼高手低，既不了解创业的相关政策法规，也没有在相关企业工作、实践的经历，缺乏能力和经验，对创业的期望值却非常高。当创业计划转变为实际操作时，他们才发现自己根本不具备解决问题的能力，这样的创业无异于纸上谈兵。

3. 管理过于随意

由于不熟悉经营“游戏规则”，一些大学生创业者虽然在技术掌握上出类拔萃，但理财、营销、沟通、管理方面的能力普遍不足。此外，一些大学生存在一定的性格缺陷，如自以为是、刚愎自用等，这些都会影响创业成功。

4. 项目选择太盲目

目前，大学生创业项目多集中在高科技领域和智力服务领域，如软件开发、网络服务、网页制作、家教中介、创意设计等。此外，快餐、零售等连锁加盟店也是大学生青睐的创业项目。但是，如果缺乏前期的市场调研和论证，只凭自己的兴趣和想象来决定投资方向，甚至仅凭一时心血来潮就决定干哪一行，大学生创业者一定会碰得头破血流。

5. 融资渠道单一

资金难筹几乎是每一个大学生创业者都会遇到的问题。银行贷款往往申请难、手续复杂，如果没有更广阔的融资渠道，创业计划只能是一纸空文。

三、创业风险的常见类型

下面介绍七种常见的创业风险分类。

（一）按照创业风险的性质划分

按照性质划分，创业风险分为纯粹风险和投机风险。

1. 纯粹风险

纯粹风险是指只有损失可能性而无获利可能性的风险。纯粹风险所导致的结果只有两种：有损失或无损失。如：地震、火灾、水灾、车祸、坠机、死亡、疾病、战争等，都属于纯粹风险。

2. 投机风险

投机风险又称机会风险，是指既存在损失可能性，也存在获利可能性的风险。投机风险所导致的结果可能有三种：有损失、无损失、获利。如：股市波动、商品价格变动、进行风险投资等。

（二）按照创业风险的状态划分

按照状态划分，创业风险分为静态风险、动态风险。

1. 静态风险

静态风险是指在社会政治经济环境正常的情况下，自然力的不规则变动和人们的错误行为所导致的风险。静态风险造成的后果主要是经济上的损失，而不会因此产生意外的收益，一般属于不可回避风险。如：地震、洪水、飓风等自然灾害，交通事故、火灾、工业伤害等意外事故，均属于静态风险。

2. 动态风险

动态风险是指与社会变动有关的风险，主要是社会经济、政治和技术、组织机构有所变化而产生的风险。动态风险造成的后果是难以估计的，但通常是可以回避的。如：通货膨胀、汇率波动、罢工、暴动、消费偏好改变、国家政策变动等均属于动态风险。

（三）按照创业风险的来源划分

按照来源划分，创业风险分为主观风险、客观风险。

1. 主观风险

主观风险是指在创业阶段，创业者的思想意识、心理素质等主观方面的因素导致创业失败的可能性。如：认知偏见带来的风险等。

❷ 客观风险

客观风险是指在创业阶段，客观因素导致创业失败的可能性。如：市场的变动、政策的变化、竞争对手的出现、创业资金的缺乏等。

（四）按照创业风险的影响范围划分

按照影响范围划分，创业风险分为系统风险、非系统风险。

❶ 系统风险

系统风险是指外部经济社会的整体变化导致的风险，这些变化包括社会、经济、政治等创业者和创业企业难以控制的事实或事件。这类风险对企业的影响程度不一，但所有企业都要面对。如：商品市场风险、资本市场风险等。

❷ 非系统风险

非系统风险是指企业内部因素导致的风险，是创业者、创业企业本身的商业活动和财务活动引发的风险。这种风险只造成创业企业自身的不确定性，对其他企业不产生影响，可以通过一定的手段对其进行预防和分散。如：团队风险、技术风险、财务风险等。

（五）按照创业风险在创业过程中出现的环节划分

按照在创业过程中出现的环节划分，创业风险分为以下五个风险类型。

❶ 机会识别与评估风险

机会识别与评估风险是指在机会识别与评估过程中，由于受信息缺失、推理偏误、处理不当等各种主客观因素的影响，创业面临方向选择和决策失误的风险。如：在学校附近开服装店（未充分了解学生在服装消费上追求隐蔽性的心理）。

❷ 团队组建风险

团队组建风险是指在团队组建过程中，团队成员选择不当或缺少合适的团队成员导致的风险。如：团队中缺少管理人才或技术专家。

❸ 创业资源风险

创业资源风险是指由于存在资源缺口，无法获得所需资源，或者获得资源成本较高给创业活动带来的风险。如：“长江野生鱼庄”所需长江野生鱼经常缺货或成本高。

❹ 创业计划风险

创业计划风险是指创业计划制订时未考虑到一些不确定因素的存在，或者制订者自身能力的限制导致的风险。如：对市场需求规模缺乏调查分析，单凭估计行事。

❺ 创业管理风险

创业管理风险是指企业文化、管理模式、细节管理不当引发的风险。如：粗暴管理或拖欠员工工资可能引发的破坏性事件。

（六）按照创业风险内容的表现形式划分

按照内容的表现形式划分，创业风险分为以下七个风险类型。

❶ 机会选择风险

机会选择风险是指创业者由于选择创业而放弃自己原先从事的职业，从而丧失潜在晋升或发展机会的风险。如：辞职开办个体网吧，影响自己的职称评定、职位晋升和在所学专业上的建树。

❷ 环境风险

环境风险是指创业活动所处的社会、政治、经济、法律等环境的变化或意外灾害导致创业者或创业企业蒙受损失的可能性。如：战争、国际关系变化或有关国家政权更迭、政策改变，宏观经济环境的大幅度波动或调整，法律法规的修改，创业相关事项得不到政府许可等给创业活动带来的风险。

❸ 人力资源风险

人力资源风险是指人的因素对创业活动的开展产生不良影响或使创业活动偏离经营目标的潜在可能性。如：创业者自身的素质和能力有限、创业团队成员的知识和技能水平不匹配、管理过程中用人不当、关键员工离职等是人力资源风险的主要诱因。

❹ 技术风险

技术风险是指技术方面的因素及其变化的不确定性导致创业失败的可能性。如：技术创新成功的不确定性、技术应用前景的不确定性、技术寿命的不确定性、技术效果的不确定性、技术成果转化的不确定性等都会带来技术风险。

5. 市场风险

市场风险是指市场情况的不确定性导致创业者或创业企业损失的可能性。市场风险包括产品市场风险和资本市场风险两大类。如：市场供给和需求的变化、市场接受时间的不确定、市场价格的变化、市场战略失误等。

6. 管理风险

管理风险是指创业企业管理运作过程中因信息不对称、管理不善、判断失误等影响管理科学性而带来的风险。如：水平低下的家庭式管理，管理者素质低下、缺乏诚信，权力分配不合理，管理不规范，随意决策，等等。

7. 财务风险

财务风险是指创业者或创业企业在理财活动中存在的风险。如：对创业所需资金估计不足、难以及时筹措创业资金、创业企业财务结构不合理、融资不当、现金流管理不力等可能会使创业企业丧失偿债能力，导致预期收益下降，形成一定财务风险。

（七）按照标的划分

按照标的划分，创业风险可以分为财产风险、人身风险、责任风险、信用风险。

1. 财产风险

财产风险是指导致财产损毁、灭失和贬值的风险。如：火灾、水灾等带来的财产损毁风险，经济因素带来的财产贬值风险，等等。

2. 人身风险

人身风险是指导致人死亡、残疾、生病、衰老及劳动能力丧失或降低的风险。人身风险通常又可分为生命风险、意外伤害风险和健康风险三类。如：马航失联。

3. 责任风险

责任风险是指由于个人或团体的疏忽或过失行为，造成他人财产损失或人身伤亡，依照法律或契约应承担民事法律责任的风险。如：煤矿事故、工伤事故等。

4. 信用风险

信用风险是指在经济交往中，权利人与义务人之间由于一方违约或违法致使对方遭受经济损失的风险。如：债务人不能或不愿履行债务而给债权人造成损失的风险；交易一方不履行义务而给交易双方造成损失的风险。

知识卡片

什么是标的

标的是合同当事人双方权利和义务所共同指向的对象。它是合同成立的必要条件，是一切合同的必备条款。合同标的是多种多样的，一般有四类：一是有形财产，指具有价值和使用价值并且法律允许流通的有形物，如生产资料与生活资料、货币和有价证券等；二是无形财产，指具有价值和使用价值并且法律允许流通的不以实物形态存在的智力成果；三是劳务，指不以有形财产体现其成果的劳动与服务，如运输合同中的运输行为；四是工作成果，指在合同履行过程中产生的体现履约行为的有形物或无形物。

四、创业风险识别

（一）创业风险识别的内涵

创业风险识别是指创业者依据创业活动的迹象，在各类风险事件发生之前运用各种方法对风险进行的辨认和鉴别，是系统地、连续地发现风险和不确定性的过程。

由于创业的特殊性，创业者除了要识别如国家经济政策的调整、市场需求的变化等显性风险外，还要识别当某一形势变化引发连锁反应时可能带来的半显性风险，同时还要识别遭遇突发事件的隐性风险。

（二）创业风险识别的特点

创业风险识别的特点体现在以下三个方面。

1. 系统性

创业风险识别是一项复杂的系统工程。系统性是指创业风险识别不能局限于某一部门或某一环节，而应对整个企业各个方面的风险进行识别和分析，不仅包括识别实物资产风险、金融资产风险，还包括识别客户、雇员、供应商资产和组织资产的风险。

❷ 连续性

创业风险识别是一项连续性的工作。连续性是指创业风险识别不可能是一成不变、一劳永逸的，随着创业企业及其经营环境的不断变化，风险管理者必须时刻关注新出现的风险和各种潜在的风险。

❸ 制度性

创业风险识别是一项制度性的工作。制度性是指创业风险管理作为一项科学的管理活动本身需要有组织上和制度上的保障，否则就难以保证此项工作的系统性、连续性。

（三）创业风险识别的方法

创业风险识别的方法主要有以下几种。

❶ 环境分析法

环境分析法是指以环境为对象进行分析，发现机会和威胁，区别优势和劣势，把握不确定性和变动趋势，找出环境中可能引发风险的要素。

企业宏观环境主要包括自然、经济、政治、社会、技术环境等；企业微观环境主要包括投资人、消费者、供应商、政府部门、竞争者等。如：市场是否有新的竞争对手介入？竞争对手的变动趋势是什么？市场需求对企业产品销售将产生什么影响？

❷ 组织结构分析法

组织结构分析法指利用组织结构图来分析与描述创业风险发生的领域和环节，描述企业活动的性质和规模，反映企业各部门所承担的责任和风险，以及各部门之间的内在联系和相互依赖程度，揭示企业内部关键人物对企业经营管理的影响，反映企业存在的可能使风险状况恶化的薄弱环节。

通过组织结构图，可以初步确定风险管理的重点。这对于组织结构复杂、分支机构众多的企业识别内在风险、估计风险严重程度有重要意义。

❸ 财务报表分析法

财务报表分析法是指以企业的资产负债表、利润表和现金流量表为依据，通过采用水平分析法、垂直分析法、趋势分析法、比率分析法等，以发现其潜在的风险。

这些风险主要包括三种：资产本身可能遇到的风险、因遭受风险引起生产或业务中断可能带来的损失、造成人身伤害和财物损毁应支付的赔偿金。

④ 流程图分析法

流程图分析法是指将生产、经营、管理过程按其内在逻辑联系绘成作业流程图，针对流程中的每一阶段、每一环节进行调查分析，以此识别风险。

流程图的类型有多种，如简单和复杂流程图、内部和外部流程图、实物形态和价值形态流程图、生产和资金流程图等。

流程图分析法便于发现容易引起风险和损失的环节与部门。

⑤ 标准化调查法

标准化调查法又称风险分析调查法，是指通过风险管理部门、保险公司、专业咨询公司、行业协会、研究机构等，对企业可能遇到的问题加以详细调查与分析，形成报告文件，供企业经营管理者使用的方法。

⑥ 幕景分析法

幕景分析法是指利用数字、图表、曲线等，对企业未来的状态进行描绘，从而识别引起风险的关键因素及其影响程度。

幕景分析法研究的重点是当引发风险的条件和因素发生变化时，会产生什么样的风险、导致什么样的后果等。

幕景分析法既注重描述未来的状态，也注重描述未来某种情况发展变化的过程。

⑦ 事件树分析法

事件树分析法是指选择某一风险因素作为开始事件，用逻辑推理的方法推论其各种可能的结果及产生这些结果的途径，从而了解事故发生的原因和条件。

任何事故的发生都是一系列事件按时间顺序相继出现的结果，前一事件的出现是随后事件发生的条件，在事件的发展过程中，每一事件有两种可能的状态，即成功和失败。事件树分析法对掌握事故的发生规律、控制事故的发生是很有益的。若每一事件发生的概率是已知的，则可以计算出各种后果发生的概率，从而进行定性、定量分析，但这需要大量资料和时间。因此，一般只在创业风险很大或隐患很深的系统中才采用事件树分析法。

⑧ 故障树分析法

故障树分析法是指以故障为分析对象，描述故障发生的因果关系，借此识别风险。

故障树分析法是安全系统工程的重要分析方法之一，它能对各种系统的危险性进行辨识和评价，不仅能分析出事故的直接原因，而且能深入揭示事故的潜在原因。

故障树分析法既可定性分析，又可定量分析。

⑨ 专家调查法

专家调查法是指应用专家的经验、知识和能力，发挥专家的特长，对风险的可能性及其后果做出估计。

专家调查法的基本步骤是：选择主要的风险项目，选聘相关领域的专家；专家对各类可能出现的风险进行评估、打分；回收专家意见并整理分析，再将结果反馈给专家；把专家的第二轮结果汇总，直到比较满意为止。

专家调查法是一种重要而又广为应用的风险识别方法。

⑩ 其他方法

此外，创业风险识别的方法还有绘制创业流程图法、制作风险清单法、建立风险档案法、头脑风暴法、要素分解分析法等。

知识卡片

大学生创业的十大风险

大学生创业的十大风险：项目选择太盲目的风险，缺乏创业技能的风险，资金风险，社会资源贫乏的风险，管理风险，竞争风险，团队分歧的风险，核心竞争力缺乏的风险，人力资源流失风险，意识上的风险。

五、创业风险评估

（一）创业风险评估概述

❶ 创业风险评估的含义

创业风险评估是指在风险识别基础上，运用一定方法（概率论与数理统计）对某一特定风险事件发生的概率和损失（收益）做出估计，为选择风险应对技术提供依据。

2. 创业风险评估的基础

创业风险评估的基础是获取充分有效的数据资料。

（1）数据要完整

数据完整要求相关数据（信息）完整、准确，避免遗漏，以便发现风险事件产生的确切原因。

（2）数据要一致

数据一致要求统计口径一致，统计方法一致，以便进行比较分析。

（3）数据要与主题相关

数据与主题相关要求数据与风险事件相关联，避开无关数据，突出数据的有效性。

（4）数据是有组织的

数据有组织要求对数据按需要或经验进行排列组合。如：按损失大小列出数据，以便发现风险源。

3. 创业风险评估的作用

创业风险评估的作用体现在以下几个方面：有利于企业上下获得安全感，从而增强扩大业务、开辟市场的信心；有利于提高经营管理决策的正确性，减少风险损失；在决策从事某种业务时，能对风险进行正确的处理，使经营者变得更为明智；有利于增加企业效益和减少现金流量的波动；有利于与客户、供应商、债权人等进行有效交往，提升企业的信誉和知名度。

（二）创业风险评估的方法

1. 定性方法

（1）定性方法的含义

定性方法是指结合经验、知识、技能甚至直觉等，运用归纳与演绎、分析与综合、抽象与概括等思维方法，对事物性质、特点、发展规律、变化趋势进行分析和评估。定性方法具有主观性。

（2）定性方法的使用条件

定性方法的使用条件包括以下方面：无法对评估对象进行量化；不要求进行定量

评估；定量评估所需的充分可靠的数据实际上无法取得；获取和分析数据不具有成本效益性。

(3) 创业风险评估的基本定性方法

其一，管理人员的判断。这种方法依赖于管理人员的经验、才能和直觉。管理人员与员工和客户保持越密切的联系和交往，这种方法所造成的危险就越小。

其二，销售人员的估计。这种信息来源能够带来很大的价值，因为销售人员一般来说是最接近客户的。这种方法对于那些产品生命周期短、技术更新快的行业尤为重要。

其三，客户调查和市场测试。客户调查即市场调查技术人员直接从客户那里收集信息。市场测试即在一个小范围内展示和促销一个产品。

其四，小组讨论，即由委员会或小组做出判断和决定。

其五，集合意见法，即将每个人的估计值相加，然后得出一个平均值。

其六，专家意见法。这种方法建立在企业外部顾问的专业知识技能基础上，能为管理层带来高度专业化和有价值的帮助。管理层可以聘请企业外部顾问在企业内提供日常业务咨询服务。

其七，质—量分析法，也称贝叶斯分析法，是公式与概念的混合物，是定性与定量方法相结合的分析方法。许多决策是建立在未知因素之上的，而且常常是建立在主观估计之上的，因此很有必要运用一些科学方法，使这一过程变得尽可能客观。

(4) 结论表达方式

创业风险概率可以表示为“很小”“中等”“较大”；创业风险导致的损失大小相应地被划分为“轻度损失”“中等损失”“重大损失”。

(5) 风险定位

可建立创业风险等级图，以此对创业风险进行定位。

❷ 定量方法

(1) 定量方法的含义

定量方法是指依据统计数据，运用数理方法（如平均数、数学模型等）对事物的数量特征、数量关系与数量变化进行分析，以揭示和描述事物所处状态和发展趋势，以及事物间的相互关系和作用。定量方法具有客观性。

(2) 定量方法的使用条件

定量方法的使用条件包括以下方面：能够对评估对象进行量化；占有大量数据资料；数据与主题相关；数据可以进行组织。

(3) 创业风险评估的基本定量方法

其一，比率分析法。比率分析法是指对同一期财务报表上若干重要项目相关数据进行相互比较，求出比率，用以分析和评价企业的经营活动，以及企业目前状况和历史状况，它是财务分析的基本方法，也是定量分析的主要方法。

其二，趋势分析法。趋势分析法是指对同一单位相关财务指标连续几年的数据做纵向对比，观察其成长性。通过趋势分析，可以了解该企业在某些方面的发展变化趋势。

其三，结构分析法。结构分析法是指对企业财务指标中各分项目在总项目中的构成及比重进行分析，考量各分项目在总项目中的地位和作用。

其四，相互对比法。相互对比法通过对相关指标的相互比较来揭示指标之间的数量差异，进而分析形成差异的原因，既可以是本期同上期的纵向比较，也可以是同行业不同企业之间的横向比较，还可以与标准值进行比较。

其五，数学模型法。数学模型法是指用符号、函数关系将评价目标和内容系统规定下来，并把相互间的变化关系通过数学公式表达出来。在现代经济预测和管理工作中，由于不能进行实验验证，通常都是通过建立数学模型来分析和预测经济决策所可能产生的结果。

(4) 结论表达方式

结论表达方式包括数据、公式、图表。

六、创业风险控制

(一) 创业风险控制的含义

创业风险控制就是在风险识别、风险评估基础上，针对企业存在的风险因素，采取各种控制技术，尽量减少企业的风险暴露，降低损失概率和减小损失幅度。

(二) 创业风险控制的方法

创业风险控制的方法主要包括风险回避、风险防范、损失抑制、风险因子管理、多元化投资等。

1 风险回避

风险回避是指决策者考虑到影响预定目标达成的诸多因素，结合自身的风险偏好和风险承受能力，做出终止、放弃某种决策方案或调整、改变某种决策方案的决定的风险处理方式。风险回避是一项有意识不让人或企业面临特定风险的行为。从某种意义上讲，风险回避就是将风险发生的概率降为零。

风险回避是各种风险应对技术中最简单的方式，同时也是较为消极的一种方式，它可以在事前、事中使用。可以在事前放弃某项活动，从而避免该活动可能带来的风险，或者在计划进行过程中变更计划，从而避免原计划可能带来的损失。如果企业已经开始的某项经营活动给企业造成了重大损失或破坏，而且这种情况还会继续下去，因没有有效的补救措施而主动终止这一经营活动，以免产生更大的损失，就属于事中采取风险回避措施。

风险回避常用的方法有剥离、禁止、终止、锁定、筛选和消除。

（1）剥离

剥离是指企业通过退出某市场或某地域，或者出售、清算及分离某产品类别或业务等措施剥离资产。

（2）禁止

禁止是指企业通过适宜的企业政策、风险限额架构及标准，禁止企业从事风险性大的或产生财务损失和资产缺口的活动与交易。

（3）终止

终止是指企业通过重新确立目标、调整战略和政策或改变资源配置方向，终止某些已进行的活动和交易。

（4）锁定

锁定是指企业提高业务发展和市场扩张的针对性，避免追逐偏离企业战略的机会。

（5）筛选

筛选是指通过对企业的资本项目和投资活动进行筛选，回避低收益、偏离企业战略重点或高风险的行动计划。

（6）消除

消除是指通过规划和实施内部预防流程，从源头上消除风险，使风险事件的发生概率降为零。

❷ 风险防范

风险防范是指在风险发生之前调整或重组企业经营过程中的某些方面，通过一定的手段预防和分散风险，以降低风险发生的概率和带来的损失。

（1）机会选择风险防范

创业者在创业准备之初就应该对创业的风险和收益进行全面权衡，将创业目标和目前的职业收益进行比较，结合当下的创业环境、自己的职业生涯规划进行权衡分析。如：是先就业再创业还是先创业再就业？是否与他人合伙创业？

（2）人力资源风险防范

首先，创业者应不断充实自己，持续提高个人素质，使自己的知识和能力与创业活动相匹配。

其次，通过沟通、协调、激励、评价、目标设定等多种手段管理创业团队，并在创业团队发展的不同阶段确定相应的管理内容，科学合理地对团队成员进行绩效评价。

最后，招聘那些具有良好职业道德和团队合作意识、拥有与岗位相匹配技能的员工，在合同中明确权利义务关系，进行适当授权。

（3）技术风险防范

首先，加强对技术创新方案的可行性论证，避免技术开发与技术选择的盲目性，并通过建立灵敏的技术信息预警系统，及时预防技术风险。

其次，可通过组建技术联合开发体或建立创新联盟等方式来分散技术创新的风险。

再次，提高企业技术系统的活力，降低技术风险发生的可能性。

最后，高度重视专利申请、技术标准申请等保护性措施的运用，通过法律手段降低损失出现的可能性。

（4）管理风险防范

首先，提高创业团队核心成员的素质，使其树立诚信意识和市场经济观念，并以此为基础搞好领导层的自身建设，建立能够适应企业不同发展阶段变革的组织机构。

其次，实行民主决策与集权管理的统一，合理分配企业的执行权，避免不规范的家族式管理影响企业发展。

最后，明确决策目标，完善决策机制，减少决策失误。

（5）财务风险防范

首先，要对创业所需资金进行合理估计，避免筹资不足影响企业的健康成长和后续发展。

其次，学会建立与经营创业者自身和企业的信用，提高获得资金的概率。

再次，学会在企业的长远发展和目前利益之间进行权衡，设置合理的财务结构，从恰当的渠道获得资金。

最后，管好企业的现金流，避免现金断流带来财务拮据甚至破产清算的局面。

❸ 损失抑制

损失抑制是指在事故发生时或发生后采取措施，以减小损失发生的范围或降低损失的严重程度。在实际生活中，完全避免和预防损失是不可能的，因此，企业必须考虑一旦风险事故发生所能采取的损失抑制措施，重点是降低损失程度，通常适用于外部事件，因为企业往往难以驾驭外部事件是否发生及其发生频率。

（1）应急计划

应急计划是指针对可能造成企业经营中断的小概率事件，事先进行必要的安排（相当于第二方案），确保企业在事故发生后、恢复正常运作前保持生产的连续性，从而降低中断经营、客户关系、商誉等方面的损失。如：突发事件应急预案。

（2）危机管理

危机管理是指危机管理者通过危机信息分析，执行危机应对计划、组织、控制、领导等职能来最大限度地降低企业和各个利益相关者可能遭受的各种损害，最终保障企业整体安全、健康和持久运行。如：遭遇地震灾害后企业的抢救工作、恢复生产工作。

（3）风险隔离

风险隔离是指将一风险单位分割成许多独立的、较小的单位，通过限制每一风险单位可能的最大损失来实现减少损失的目的。隔离法不仅可以减少直接损失，而且风险单位的增加可以提高企业对未来损失预测的准确程度，使得实际损失程度和预测损失程度大致相当，从而达到风险控制的目的。如：禽流感暴发后，对感染者、疑似感染者的隔离。

（4）风险组合

风险组合是指通过兼并、扩张、联营，集合多个原来各自独立的风险单位于同一企业之下，增加同类风险单位的数目来提高未来损失的可预测性，以达到降低风险的目的，属于一种简洁的风险控制措施。如：大学的合并。

❹ 风险因子管理

风险因子管理是指通过降低风险因素的水平、改变其分布或企业对风险因素的敏感性来调整可能引起潜在损失的经营环境。风险因子管理既可能降低损失发生的概率，也可能降低损失的程度。常见的风险因子管理技术包括质量管理、员工筛选、培训、企业风险文化管理等。

（1）质量管理

质量管理是指通过改善企业生产过程中投入和产出的可获得性、质量、相关性、灵活性、可靠性、一致性和连续性来改变企业经营运作和资源的风险状况。如：ISO 9000 质量管理体系认证。

(2) 员工筛选

用工的合适程度主要取决于员工特点和工作特点的匹配程度。要对员工的任用和晋升进行有效筛选，就必须对求职者所需完成的工作任务进行彻底分析，可参考以往胜任此项工作人员的素质和表现。如：辅导员的任职条件（罗列）。

(3) 培训

要经常对员工进行风险管理方面的培训，增强员工的风险意识，培养员工衡量、分析和管理风险的技能。如：上岗培训、案例教育等。

(4) 企业风险文化管理

良好的企业风险文化不但可以提高员工的道德标准，从长远来看，还可以提高生产力和降低经营风险。

企业应该在各级员工中强调风险意识，保证每一个员工都能做到：积极地辨识企业的主要风险；认真思考各自负责的风险会产生什么后果；在内部传达这些风险信息，确保引起其他人注意。如：在企业网络主页设置风险管理栏目。

5. 多元化投资

“不要把鸡蛋放在一个篮子里”，适度的、恰当的投资组合（项目组合）可以降低机会成本并能分散风险。

在投资多元化理论出现以后，人们认识到投资多元化可以降低风险。当增加投资组合中资产的种类时，组合的风险将不断降低，而收益仍然是各种资产收益的加权平均值。当投资组合中的资产多元化到一定程度时，唯一剩下的风险便是系统风险。

学习链接

微课：创业起步之错

创新创业实例

两个月就关张的食品杂货店

大学生小刘毕业后一直想自己做老板，看到邻居在小区里开了一个食品杂货店收益一直不错，颇为心动。于是，小刘租了小区内一个库房做店面，筹集了一万多元做启动资金，进了一些货品，开了一家食品杂货店。但是经营了两个月后，小刘的食品杂货店就撑不住了，不得已关门。为什么同样是食品杂货店，邻居可以干得红红火火，小刘的店就经营惨淡呢？原来，小刘为了突出自己店的特色，没有像邻居一样进茶、米、油、盐等大众食品，而是将经营范围锁定在沙司、奶酪、芝士等一些西餐调味食品上。但是小区里的居民对她的货品需求少，加之她店面的位置在小区边缘，而且营业时间不固定，由着她的性子来，很多邻居都不愿意绕道过去，所以生意不红火。

想一想：

1. 小刘创业失败的原因是什么？
2. 你认为应从哪些方面改善食品杂货店的经营状况？

任务 2 创业风险管理

一、创业风险管理概述

创业风险管理是指创业者对创业风险进行识别、衡量、分析、评价，并在此基础上有效地处置风险，以最低成本实现最大安全保障的科学管理方法和管理过程。创业风险客观存在，不可避免，但创业风险管理有规律可循。这就要求创业者主动地认识风险，积极地管理风险，有效地控制风险，以保障创业企业的生存和健康成长。但和成熟企业往往有一个专门部门和高级经理主管企业所面临的风险不同，创业企业由于规模较小，其风险管理的任务主要落在创业者身上。

在长期的生产实践中，人们已经形成了风险管理的基本原则和基本程序，企业通常依此来管理其所面临的风险。风险管理的程序一般包括风险识别、风险评估、风险管理方法的选择及其实施效果的评价，而上述程序实施的目的，就是使风险始终处于受监控状态，即通过跟踪已识别的风险、监视残余风险和识别新的风险，保证创业活动按既定的计划不断推进。

在风险评估的基础上，为了实现风险管理的目标，选择最佳的风险管理方法是风险管理的实质内容。风险管理方法分为控制型和财务型两大类。控制型方法的目标是降低风险事件发生的概率和风险事件造成的损失程度，重点在于改变引发风险事件的各种条件，同时创造防止损失扩大的各种条件。财务型方法的目标是以提供专项资金的方式，消化损失的成本，即对无法控制的风险进行财务安排。

风险管理是一个持续的过程，对风险管理方法的实施效果进行评价无疑是必要的。当新的风险暴露出来，或者预期的损失概率或损失幅度发生了显著的变化时，需要对原有决策进行重新评价。风险管理的效果评价是指对风险管理技术的适用性及其收益情况进行分析、检查、评估和修正。通过效果评价，企业可以保证具体的风险管理方法与风险管理目标相一致，并使具体的风险管理方法具有可操作性和有效性。

二、主要的创业风险管理策略

创业企业是风险集中的组织，在创业过程中，创业者和新创企业主要面临着创业项目选择风险、财务风险、技术风险、市场风险、信誉风险、人力资源风险、法律风险等，下面将对这些主要的创业风险管理策略逐一进行解读。

（一）创业项目选择风险的管理策略

创业项目选择是创业活动的开端，选择一个好的创业项目，是防范创业风险的第一步和关键所在，也就是说，风险回避是创业风险管理的第一策略。尽管在创业项目的选择上，多数创业者都经过了一段相对较长时间的考虑，或者按照相应的标准进行了认真筛选，但由于受各种主客观因素的影响，不少创业者选错了创业项目，使创业一开始就出现了方向性的错误。分析很多创业失败的案例时发现，由于创业项目选择不当，失败的命运在创业之初就已经注定，让人扼腕叹息。下面讲述如何规避创业项目选择风险。

1. 掌握创业项目选择的基本原则

（1）遵循优势利用原则，不盲目追求热门生意

创业者要选择自己熟悉并拥有资源优势的项目，充分利用当地的资源优势和自身优势来创业，做到“人无我有”“人有我优”，而不盲目追求社会经济热点，不盲目仿效跟风，以避免决策失误。

（2）遵循市场导向原则，不盲目追求技术的先进性

要以满足市场需求为导向来评估某项新技术是否真正具有市场前景，也即不但要考虑技术的技术性，还要考虑技术的市场性，把重点放到需求可观、发展前景广阔的创业项目上。

（3）遵循趋利避害原则，不违背政策趋势

创业者要有宽广的视野，一定要掌握国家政策和社会经济的发展趋势，只有这样才能顺势而为，趋利避害。所选择的创业项目要符合技术创新、区域经济发展、产业结构升级、制度变革、社会发展的大趋势，要符合国家和地区的产业政策，坚决回避政府明确限制的产业投资项目。

（4）遵循找准切入口原则，不贪大求全

创业和一般的项目投资不一样，面临很强的资源约束，因此，创业者在创业初期绝不能贪大求全，四处出击，而是要聚焦，集中资源，找准一个市场切入口，平顺地切入市场。虽然这样看起来好像发展比较慢，但实际上是稳打稳扎，创业者不但可以完全掌控创业发展，不用为亏本担惊受怕，还能积累商业经验。在市场站稳脚跟后，创业者可以再根据实际情况逐步拓展自己的创业版图。

（5）遵循量力而行原则，不大量借贷投资

创业者自有的资金往往并不多，但又希望手中有限的资金能够增值，因此开始创业时，创业者要根据自身的情况量力而行，不能借贷太多。因为大量借贷风险大，给创业者造成心理压力很大，极不利于创业者经营能力的正常发挥。如果创业项目所需的投资远远超出创业者自有的资金，同时又找不到适合的合伙人来分担投资压力，也不能获得天使投资的话，创业者应当等待或放弃。

2. 对创业项目做进一步分析

（1）掌握创业规律，强化商业认知

要选择好的创业项目，从源头上防范和规避创业风险，关键是要提高创业者发现、分析、选择创业项目的能力。很多人创业失败，是因为其对商业的本质缺乏认知，不懂创业规律，也不具有创业的相关知识和技能。这样的创业者实际上是缺乏历练的创业者，是没有创业基础的创业者，是盲目的创业者。在选择创业项目时，这样的创业者往往只有一腔热情，没有理性的思考能力，也没有成熟的商业眼光。在这种情况下，无法选择好的创业项目是必然的，选择到了好的创业项目反而是偶然的。因此，要规避创业项目的选择风险，创业者要提高自身的素质，做一个合格的创业者。

（2）充分调查研究，深刻理解创业项目

创业者初步选定某一创业项目后，要对该项目进行全面细致的调查研究。每一个行业都有不同于其他行业的内在规律。俗话说“隔行如隔山”，对于一个行业独特的内在规律，行外人是很难了解的。创业者必须成为“内行人”，只有这样，创业成功的概率才能变大，这也就是人们所说的“不熟不做”。当然，要做到充分调查研究和深刻理解所选的创业项目并不容易，因为这不但要创业者花费大量的精力和付出艰苦的劳动，还要创业者抛掉类似“某项目很有前景”的先入为主的看法，冷静客观地做出判断。

（3）知己知彼，实现与商业机会的相互匹配

商业机会是一种客观的存在，好的创业项目是创业者和商业机会良性互动的起点，而成功则是两者相互匹配的必然结果。创业者是一个充满个性的群体，创业者之间在性格、能力、经验、财富、社会资源等方面有着巨大的差异。而商业机会也各不相同，有的机会大，有的机会小，有的机会长久，有的机会短暂，有的机会需要的投入大，有的机会需要的投入小，有的机会回报快，有的机会回报慢，等等。但有一点很清楚，即只有创业者做到“知己知彼”，选择自身可以掌控和驾驭的商业机会，创业才能有迈向成功的基础。因此，选择创业项目，其实就是让创业者自己的优势和资源与商业机会的特点和要求相互匹配，并形成良性互动，共同成长。

（二）财务风险的管理策略

财务风险是指由于企业财务结构不合理、融资不当，使企业丧失偿债能力而导致收益下降或破产的风险。对于创业企业而言，除了创业项目本身的投资风险外，其财务风险主要表现为融资风险和现金流风险。下面就财务风险的管理策略进行论述。

1 拓展融资渠道

（1）要高度重视融资工作，但绝不可忽视经营工作

创业需要资金，企业的创立、生存和发展，必须有一定数量的资金做支撑。对于创业者而言，融资问题的解决，特别是创业启动资金的落实，是关系到创业能否成功的关键因素之一，必须予以高度重视。但融资只不过是创业的众多关键工作之中的一项，并不是创业的全部工作，为了寻找资金而投入大量精力，忽视甚至放弃了手头的经营工作，是危险的，也是得不偿失的。经营工作是根本，是源头，如果忽视或放弃了经营工作，融资工作将是无本之木、无源之水。因此，对于创业者而言，经营工作和融资工作必须两手抓，两手都要硬，不可偏废。

（2）确定合理的融资规模，防止融资规模过大或过小

在制定融资战略时，应紧密结合创业企业的实际情况确定合理的融资规模，融资规模既不能太小，也不能太大，否则会给创业企业的发展带来不确定性，甚至会使创业企业濒临破产。尤其是在创业初期，创业企业往往没有稳定的客户基础和现金流量，但又要追求成长，对资金的需求量比较大，所以需要相对充足的资金保证，而且通常不能采用大量负债的融资方式。在进行股权融资时，融资规模过小，可能导致创业失败或需要频繁地融资；融资规模过大，则可能导致股权让渡过大，导致创业团队丧失对创业企业的控制权。因此，要根据创业企业的实际情况，确定合理的融资规模，既要保证创业资金的持续供给，又要保证控制权牢牢掌握在创业团队手中。

（3）把握好融资时机，防止过晚或过早融资

创业者要把握好融资时机，既不能过早，也不能过晚，过早融资和过晚融资都会通过增加成本、放弃控制权、丧失机会等形式给企业带来不确定性。创业者应未雨绸缪，及早考虑融资问题，而不要等到出现严重的资金短缺时才开始寻找资金。创业股权融资通常要花费几个月或更长的时间，过晚融资不仅会导致现金短缺，而且会带来一系列的负面影响，如削弱创业团队与投资对象的谈判能力、贱卖股权、丧失成长机会、破坏管理团队的可信度、导致员工队伍的不稳定等。但也要避免另外一种极端，即过早融资。过早进行股权融资，创业团队的股权不可避免地要被大幅度稀释，甚至创业团队可能导致控制权的丧失，还可能造成企业的灵活性下降、与投资人的协调成

本大幅度增加、偏离原定的创业战略、盲目扩大投资、抛弃保持节俭的财务纪律等一系列问题。

（4）既要融资也要融智，选择最佳的融资对象

创业企业在发展过程中，除了创业资金外，还有一系列的创业管理服务需求，如战略规划、管理制度、人力资源、市场营销、品牌提升、公共关系等方面的需求。因此，在面对以天使投资、创业投资、战略投资为核心的潜在投资人时，除了要考虑潜在投资人能够提供的资本支持外，还要考察他们能否为本企业提供更多的创业管理服务，既要“融资”，也要“融智”，要综合考虑这两方面的因素来选择最佳的融资对象。例如，对于互联网领域的创业企业而言，当面对英特尔这样的创业投资机构时就面临一个选择：在转让股份数量一定的情况下，该机构可能不是出价最高的投资机构。那么，是接受英特尔的投资，还是接受其他机构的投资呢？实际情况是，创业企业往往可能接受英特尔的投资，因为它在互联网领域有很多其他投资机构无可比拟的优势，创业企业如果能够站在英特尔这样的巨人的肩膀上，其快速成长的可能性会大大增加。

（5）因时因地制宜，选择最有利的融资方式及其组合

尽管创业融资的核心往往是股权融资，但银行贷款、民间借贷、政府创业基金、供应商的信贷支持等也都是创业融资的重要形式，但各种融资方式的适用条件不同，成本各异，难易有别。创业企业要因时制宜、因地制宜，选择最有利的融资方式，并将各种融资方式结合，形成最有利的融资组合。例如，在创业初期要多采用自有资金、部分民间借贷等来启动创业，之后向天使投资人寻求股权投资或向政府部门申请创业基金支持，进入快速成长期后则可向创业投资机构寻求股权投资，并开始申请银行贷款。另外，各种融资方式之间也要能够相互支持，这有利于创业企业形成良好的融资组合。

（6）创业投融资市场不完善，要谨防融资陷阱

创业投融资市场是一个信息高度不对称的市场，由于我国总体市场经济环境不完善，信用体系不健全，创业投融资市场在呈现蓬勃发展态势的同时，也存在鱼龙混杂的情况。一些不法分子和非法投资机构正是看准了许多创业者年轻、商业经验不足、渴求创业资金而疏于防范的心理，针对创业者进行融资欺诈。这些不法分子利用网络、小报、传单、手机短信等开展宣传，等到与创业者接触后，谎称自己公司实力强大、资金充裕以博取信任，然后假借投资、合作及考察项目的名义骗取考察费、公关费，或者以协助融资的名义收取包装费、保证金、佣金等，进行融资诈骗，骗取钱款后销声匿迹。因此，创业者一定要端正心态，小心谨慎，充分核实潜在投资人的信息和信用水平，谨防融资陷阱。

❷ 控制现金流

（1）确立现金流在企业财务管理中的核心地位

现金流是维系企业正常生产运作所需的基本资金循环，是企业价值评估和财务风险判断的重要指标和依据。现金流如果出现了问题，容易导致企业资金链条的断裂，中断正常的生产经营活动，因此，要确立现金流在企业财务管理中的核心地位，构建起利润和现金流双核心的财务管理体系，以避免将利润作为唯一的核心指标所带来的种种经营风险，切实提高现金流的周转速度，实施现金流预算管理，掌握现金流风险的预警方法，建立完善的现金流控制系统。

（2）利用现金流量表分析现金短缺的原因

企业的现金流包括经营活动产生的现金流、投资活动产生的现金流、融资活动产生的现金流等。通过对现金流量表的分析，可以清晰地知道企业现金短缺到底出现在什么地方，并分析其产生的原因。

（3）强化经营活动的现金管理

在经营活动产生的现金流中，销售产品或提供服务获得的现金是最主要的现金流入来源。新创企业在市场开拓上遇到的困难，包括需求不稳定、销售低迷等都会直接影响现金流入。这就要求企业采取加强研究与开发、提升产品市场竞争力、增强盈利能力等措施。另外，应收账款居高不下、人员开支过大、外包服务过多、采购付款期限提前等，都可能导致经营现金流的不稳定和不平衡。这就要通过调整营销政策、加强应收账款管理、强化员工的长期激励、节约运营开支、向供应商争取更宽松的付款条件等方式来强化经营现金流的管理。

（4）合理规划投资，防止盲目投资占用过多资金

新创企业在创业构想短期实现的激励下，往往有扩大投资的冲动。很多企业都因为过度关注规模扩张，忽视现金流入与投资支出的匹配，导致资金链断裂而走向失败。因此，创业者在享受创业初步成功的喜悦后，一定要保持清醒的头脑，确定适合的发展战略，战略目标要远大，要有前瞻性，更要有可行性和现实性，不要因头脑发热而盲目扩大投资。

（5）科学规划融资，确保合理的财务结构

要根据创业企业经营活动的实际需要，合理规划债务融资和股权融资，确保整体财务结构的科学合理，以及融资结构和投资结构的相互匹配。要确定适度的负债额度，保持合理的负债比率，既要发挥财务杠杆的作用，又要防止出现财务风险。要合理安排债务的期限结构，既要确保企业的短期偿债能力，又要兼顾企业长期资金运营的健康。

（三）技术风险的管理策略

技术风险是指由技术的不确定性及技术与经济互动过程的不确定性所带来的风险。可以通过以下策略来管理技术风险。

1. 自己掌握技术

（1）强化论证以避免技术开发的盲目性

要根据企业技术能力的强弱和综合实力的高低来开发新技术，总体而言，由于创业企业的资金实力较弱，研发能力不强，在技术研发上要以应用型开发和模仿性创新为主。同时，要以满足市场需求为导向，紧紧围绕消费者的需求来选择合适的技术，并将新技术转化为消费者喜欢的新产品，避免技术开发和技术选择的盲目性。这就要高度重视技术创新的前期市场调研，从目标顾客认为重要程度较高的产品特性入手进行研发，使研发瞄准、响应和满足顾客的需求。

（2）建立技术发展趋势的监测系统

要建立技术发展趋势的监测系统，加强技术信息的搜集，实时追踪国内外相关技术的发展状况和发展前沿，并判断其未来的发展趋势。要客观评估企业在技术创新体系中的坐标，分析企业面临的机会和威胁，并明确下一步的创新方向和可能采取的创新策略。要监测竞争对手的研发投入、研发方向、研发进展及其产业化进展，并关注市场对不同技术产品的种种反应。

2. 雇用掌握技术的员工

（1）识别关键岗位和关键员工

关键岗位是在企业经营、管理等方面发挥重要作用，承担着重要工作责任，并且在一定时期内难以通过企业内部人员置换和市场外部人才供给替代的一系列重要岗位。关键员工是指那些拥有专门技术、具有特殊经营才能、掌握核心业务、控制关键资源、难以替代、会对企业的经营与发展产生重大影响的员工。关键员工可能是创业团队的核心成员，也可能不是创业团队的核心成员。每个企业都存在关键员工，而且关键员工一定和关键岗位相匹配，但在不同的企业，关键岗位和关键员工的数量是不同的，创业企业需要根据自身的特点将这些关键岗位和关键员工识别出来，并给予重点关注。

（2）利用关键员工流失风险表识别风险

创业者可以根据关键员工流失风险表，定期或不定期地认真了解关键员工的情况，并对情况进行分析，对其中可能存在的风险进行有效识别，进而采取应对措施。

(3) 采取措施激励和留住关键员工

根据关键员工流失风险表的调查和评估，可以采取多种多样的措施来激励和留住关键员工。这些措施既有短期的，也有长期的，既有企业层面的，也有员工个人层面的。例如，为关键员工提供有竞争力的薪酬待遇，提供良好的进修与培训机会，规划良好的职业上升通道；弘扬正确的企业价值观，制定并传递企业发展战略和发展愿景，改进企业的管理机制和管理制度，塑造良好的企业文化；等等。

(4) 用契约约束减少关键员工流失可能带来的损失

创业企业可能在关键员工管理方面采取了多种方法，但关键员工的流失现象依然存在。为了防止关键员工流失给企业带来更大的损失，企业可以采取防范措施，如在合同中明确双方的权利、责任和义务，一旦出现问题可以诉诸法律。例如，双方事先签订“竞业禁止”协议，要求员工在离开公司后的一段时间内不得从事与本公司有竞争关系的工作，并要为本公司保守商业秘密、技术秘密等。

(四) 市场风险的管理策略

市场风险是指由市场情况的不确定性导致的创业失败或创业企业收益不确定的风险。从广义上说，市场风险也涵盖创业项目的选择风险，但这里是从狭义的角度来看的，主要包括市场营销风险和市场竞争风险，是指新创企业制定、实施的营销策略与市场营销环境的发展变化不协调，导致目标市场难以开发，产品难以顺利销售，盈利目标无法实现，在竞争中无法取胜的风险。创业企业管理市场风险的主要策略如下。

1 进行充分的市场调研和严谨的市场分析

没有调查就没有发言权，充分的市场调研和严谨的市场分析是管理市场风险的基本策略。市场调研和市场分析包括市场营销环境调研和分析、市场机会调研和分析、行业结构调研和分析、竞争对手调研和分析、消费者需求调研和分析、消费者行为调研和分析等。在市场调研和市场分析的基础上，要对潜在市场风险进行全面客观的评价，以便在接下来的营销规划的制订过程中，明确要抓住的市场机会和要防范的市场风险。

2 进行市场细分和选择适合的目标市场

创业企业一般都比较弱小，暂时打不开大市场，也经受不住大的挫折，因此创业营销尤其要强调精细和准确。这就要求创业者在市场调研和市场分析的基础上，精确地做好市场细分，并考虑自身和竞争对手的规模实力、优势与劣势、竞争策略等，合理地选择目标市场，并准确地进行市场定位。对目标市场的选择是创业营销规划的关键，一旦选择错误，未来所有的营销努力都将付诸东流，也很可能导致创业失败。一般来说，创业者多选择自己熟悉的、有吸引力的细分市场作为创业初期的市场切入口，等到站稳脚跟后再采取措施逐步地、有计划地向其他市场扩展。

❸ 制订可行的市场营销方案和营销策略

在明确目标市场和市场定位的基础上，创业企业必须科学地制订可行的营销方案，也就是说要解决进入新市场的产品、价格、渠道、促销四大基本问题。创业者需要不断地思考要以什么样的产品、什么样的价格、什么样的分销渠道、什么样的促销方式进入目标市场，从而引发目标客户的购买行为。营销策略组合中的四个要素相互依存、相互影响。在开展营销活动时，不能孤立地考虑某一要素，因为任何一个要素的特殊优越性都不能保证营销目标的实现，只有四个要素优化组合，才能创造最佳的市场营销效果。与此同时，创业企业在制订营销方案时一定要切合实际，要注重方案的细节及方案的可行性、可操作性和经济性，切不可脱离实际。

❹ 建立市场监控和营销策略调整机制

市场环境具有动态性，随着时间的推移，市场环境会连续不断地发生或快或慢的变化，如果创业企业的市场营销策略没有适应市场环境的变化，就会带来风险。建立市场监控和营销策略调整机制是指在创业企业运营过程中，定期重复市场分析过程，保持对关键市场信号的敏感度，结合产品的试销推广和大规模投放，不断调整先前制定的市场营销策略，以保证营销策略对市场环境的适应性。

❺ 加强营销合作，分担市场风险

在创业初期，消费者对新创企业所提供的产品或服务不够了解，缺乏品牌信任，而新创企业往往受制于资源条件，无法做大规模的营销推广，哪怕新创企业的产品或服务有独特的卖点，也很难快速激发消费者的需求，难以迅速占领市场。因此，创业者要以开放、合作、共赢的心态，不断链接和整合各种营销资源，加强与经销商、零售商、广告商等的合作，尤其是要借助于目标市场区域内优势企业的渠道优势和营销能力，借船出海，在快速启动市场的同时，也将相应的市场风险向合作伙伴合理转移。

（五）信誉风险的管理策略

风险投资运作的全过程与企业诚信是分不开的。投资前的项目评估和投资后的项目管理监控乃至项目退出中，存在很多不确定的因素，任何一个风险投资家都不可能完全掌握拟投资企业的全部信息，风险投资决策在相当程度上是建立在企业诚信的基础之上的。因此，如何考察和防范企业诚信风险，值得我们探讨。

1. 建立管理诚信

管理诚信是企业内部事务关系处理过程中所体现出来的一种准则，主要体现企业管理者的信用。管理诚信对于企业发展极其重要，它是企业管理团队成员之间合作的纽带。风险投资界有句名言："风险投资成功的第一要素是人，第二要素是人，第三要素还是人。"这除了说明风险投资家重视创业者和管理团队的技术背景、经历、行业经验和管理能力外，还隐含着创业者诚信的重要性。虽然风险投资进入创业项目可以在多方面扶持和促进创业企业的创立和发展，但是风险投资家与创业者的利益并非完全一致，即使是最有能力的创业者也会存在利用信息的不对称来牟取私利的可能。若出现这种情况，势必会增加项目投资风险或项目成本。良好的管理诚信是初创企业保持成长性的前提，也是风险投资家和风险投资企业进行优势互补的合作基础。因此，有能力而又有诚信的创业者是风险投资的首选。

2. 建立市场诚信

风险投资重视的另一方面是市场竞争力，这是由它的商业性决定的。相对于企业的技术和产品，风险投资家更重视企业的市场竞争力，即企业的市场价值（潜在价值）。企业的价值是通过市场来体现的，而市场竞争力与企业的市场诚信有很大的关系。如果企业没有良好的商业信誉，就会导致营销成本的提高，因为需要不断地重复投入市场开发费用，并且很难获得好的效果，最终将失去市场。

3. 建立财务诚信

企业的财务诚信对于风险投资也是非常重要的一个因素，尤其是在我国目前财务监管和中介环境还不是很完善的阶段。企业的财务诚信包括两方面的内容：一是企业内部的财务数据、各类报表的真实性和准确性；二是在工商、银行、税务等外围系统的资信。风险投资对创业项目的投资价值评估、成长性分析、管理监控乃至退出决策等在很大程度上都是基于财务数据或财务预测的。虚假的财务数据不仅增加了风险资本的进入成本，而且不利于对企业进行二次融资和资本运作，对风险投资的后续运作可能带来灾难性的影响。

（六）人力资源风险的管理策略

人力资源风险是指在创业初期和成长期，人力资源因素导致的经营风险，主要包括创业团队风险和关键员工流失风险。创业团队风险主要是指团队成员的素质、团队的组织协作能力、团队的稳定性、团队的环境适应能力等方面的风险。关键员工流失风险是指那些具有特殊才能、负责核心业务、控制关键资源的员工离开创业企业而导致的风险。下面对人力资源风险的管理策略进行阐述。

1. 谨慎选择创业团队成员

就像选择人生伴侣一样，选择创业团队成员，就是选择了人生事业的合作伙伴。选择正确，能够促使事业蒸蒸日上；选择错误，可能让事业毁于一旦。因此，谨慎选择创业团队成员，是创业团队风险管理的关键。不是所有人都是高素质、品德高尚的人，而且哪怕是德才兼备的人，也并不一定在价值观、性格、能力等方面适合开发某个商业机会。因此，创业团队的主要成员，尤其是团队领导者，应该以足够的理性来选择创业团队成员，而不能因为是兄弟姐妹、亲朋好友、同学同事、战友老乡等就草率决定。

2. 形成创业团队的共同价值观和愿景

在谨慎选择创业团队成员的基础上，创业团队还需要形成团队的共同价值观和愿景。要让所有的团队成员对于“我们是谁”“我们要做什么”“我们为什么要创业”“我们创业的使命是什么”“我们的共同目标是什么”这些关键命题达成清晰的共识，并用这些共识去指导整个团队和每个成员的行为。只有形成了共同的价值观和愿景，创业团队成员才会形成凝聚力和战斗力，为完成创业团队的共同目标而不懈努力，而不是在个人利益上斤斤计较或缺乏持续的工作热情。

3. 明确创业团队成员的权利和责任

除了共同的价值观和愿景外，创业团队必须明确团队成员之间的角色分工，明确每个成员在团队中的权利、责任和利益，并建立良好的利益协调机制，以达成权、责、利的统一。创业团队的领导者要责无旁贷地对团队成员的角色分工、工作职责、持股比例、工资奖金等做出公平的决定。这里所说的公平并不是指创业团队成员在权、责、利方面的分配人人平等，而是指有差异的公平，是根据各个成员的投入多少、能力强弱、责任轻重、贡献大小等来进行公平合理的分配。这样既有利于团队的决策和管理，也有利于团队的长期稳定。

4. 制定并遵守团队规范和团队纪律

创业团队必须是一个有战斗力的团队，要有良好的团队规范和严明的团队纪律，而不能松松垮垮，一团和气。不少创业团队在团队建设过程中，过于追求团队的亲和力和人情味，坚持“团队之内皆兄弟”，导致管理制度不完善或有制度却形同虚设，带来无穷的后患。

5 建立创业团队的动态调整机制

企业的创建与发展是一个动态的过程，创业团队应该具有动态的发展观念。随着时间的推移，创业团队最初的很多安排会变得不合时宜，不再合理，不再适用，不能反映团队成员的实际贡献。创业团队的组成也往往会发生变化，有成员离开，有成员补充进来。具有动态发展观念的创业团队要建立一套相对完善的动态调整机制，进行团队内部调节，这样既有利于旧成员体面地离开，也有利于新成员顺利地加入。创业团队的动态调整机制包括公平的业绩衡量机制、合理的股份转让机制、良好的晋升机制、科学的股票期权机制等。

（七）法律风险的管理策略

创业机会也可能遭遇国家法律及政府政策所引发的风险，任何一项法律法规的制定或政府政策的出台都可能给创业团队带来负面影响。下面是法律风险的管理策略。

1 注意法律或政策变化的风险

实际上，法律和政策变化导致的风险很特殊，需要引起创业团队的格外关注，因为由法律或政策引发的风险一旦发生，往往没有办法变通。如果创业团队缺乏法律和政策的相关意识，或者没有提前考虑周全的补救措施，法律或政策的出台或变化将会给创业企业的发展造成无可挽回的损失。

各行各业都有相关的政策法规，无论进入哪个行业，创业者都可能遭遇法律和政策带来的风险。例如，一些创业者看到某些知名大医院挂号难，出于为患者提供更方便快捷的挂号方法的考虑，将自己的产品定位于炒卖紧缺的号源。从一般的商业规则来看，这种创业机会的立足点是解决患者的难题，但从政策法规的角度来看，该创业构思则可能违背了医疗行业的有关规定。尤其是在炒卖号源的黄牛党被媒体曝光后，各大城市将炒卖号源的行为认定为会伤及公共利益、扰乱正常的医疗市场秩序，进而出台了一系列政策遏制这样的行为，这就强制性地改变了创业者此前认为的创业环境，使创业者此前认为恰当的创业机会发生某些不利的变化。

法律和政策具有很强的约束力，一旦特定的法律和政策发生变化，则要求从业者在短期内必须严格遵守，从而会导致特定的创业机会变得不可行、不可取。因此，创业者需要通过研讨国家法律、政府政策的创立和调整轨迹，在创业机会识别阶段努力规避这类风险。

② 重视违反法律及政策的风险

创业者所开展的一系列创业活动都必须得到政府职能部门的认证或认可，如产品质量检测、产销许可、环境认证等。出于创业构想和法律政策两方面的原因，创业企业的产品并不一定都能够得到认证或许可，尤其是针对产品负面效应较大的创业活动，政府无疑会基于整个社会的利益，在企业产品开发成功后予以限制。比如，利用应用软件帮助用户进行信用卡套现、网贷平台通过吸收存款放贷等，都是可能危害社会金融环境的创业活动，这样的项目从一开始就注定会失败。

法律及政策的约束和限制可能体现在创业活动的各个环节。例如，某种新食品的开发往往缺少国家标准，在政府和行业组织没有确定相应标准之前，企业很难进入批量化产销阶段；即使等到标准出台可以量化生产了，如果该新食品在生产过程中对环境造成损害，政府也会限制新食品的进一步生产；就算完成了生产环节，在投入市场之前，如果该新食品没有经过或通过政府职能部门或其授权机构的质量检测，还会在销售中遇到障碍。

基于以上分析，在开展创业活动之前，创业者一定要对创业机会的合理性进行审视，严格检验该机会有没有违反法律法规，有没有违背相关的规定。创业者若缺乏法律和政策风险意识，不仅难以开展商业活动获取利益，而且迟早会受到法律和政策风险的伤害。

学习链接

微课：管理创业风险

创新创业实例

案例一
为“舞”而起，展双创活力

张皓霞2017年进入云南经贸外事职业学院就读，在校期间积极参加社会实践锻炼自己。她从饭店服务员做起，在寒暑假会去不同行业的企业兼职。从小擅长跳舞的她经常参加学院的文艺表演活动。

2017 年，张皓霞发现自己脱发很严重，感到很自卑，于是辍学到昆明打工，希望能在昆明的医院医治好自己的脱发。直到 2019 年，她的问题也没有解决。后来，在学院的帮助下，她选择了复学，并开启了自己的创业生涯。

2017 年之前，她就接触到了一群舞蹈爱好者。怀揣着对舞蹈的热爱，她经常利用课余时间教其他学生跳舞，利用周末到云南各个县演出，很辛苦，但也收获了很多。她还加入了舞蹈社，结交了一群爱跳舞的朋友，更快乐了，也更加自信了。她慢慢组建了自己的团队，并在 2018 年成立了云南鲲安文化传播有限责任公司。

云南鲲安文化传播有限责任公司在云南舞蹈圈小有名气。张皓霞由此有了经济收益，提高了自己的生活质量。

案例二

“随玉而安”——创造出想要的作品与生活

“我来自大理‘千年白族村’，云龙县深山里的诺邓，距离大理 170 公里，2 000 多年来，未改村名，地处偏远，因而渐渐淡化于人们的记忆中。当接到云南经贸外事职业学院的录取通知书时，我满怀希望地走出了大山。我母亲身体不好，家里只有父亲一个劳动力，一年靠种地只能攒下近 1 万元，家里的经济条件挺差的。”董鹏如此说。到昆明上学后，他看什么都新鲜，想留在昆明工作。为了实现这个目标，他从大一开始，就努力学习，为以后找工作做准备。

“创业这两个字说起来简单，但像我这样的外地大学生，一没钱，二没经验，真要创业是很难的。我决定尝试创业，是源于我上创业课时的一个想法。”董鹏说。他上大一那年，因离家太远，考虑送母亲一块玉作为生日礼物，让这块玉代表自己陪伴母亲。他想到，如果他可以亲手雕刻、打磨、加工一块玉就更有意义了。从此，他开始走上了创业的道路，在 2018 年成立了玉雕创意工作室，并于同年入驻云南经贸外事职业学院双创孵化园。在玉雕大师陈连毅的带领下，董鹏继承传统的玉雕技法，借鉴中国传统的绘画手法和理论，将中国传统文化融入玉雕。玉雕创意工作室的玉雕学员能对不同的玉雕材料进行合理化的设计，制作出玉雕作品，并通过微信、贴吧、抖音、知乎、微博等社交媒体宣传，以创意视频的方式推广玉雕作品。他在淘宝直播平台的粉丝数量近 100 万，带动瑞丽、保山等地玉石原石销售 20 多吨，实现产值 1 000 余万元。

想一想：

作为大学生创业者，张皓霞和董鹏需要学习哪些知识来应对创业风险？

实训任务

给风险归类

任务描述：通过对本模块的学习，相信大家已经对创业中可能面临的风险有所了解。请根据以上两个创业实例，对上述创业过程中可能出现的风险进行列举并归类。	
风险一	
风险二	
风险三	
风险四	
风险五	

延伸思考

1. 如果让你选择一个感兴趣的行业去创业，结合自身条件，你会如何选择？进入该行业创业需要注意哪些方面的风险？

2. 如何评估和应对创业风险？当面临不同创业风险时，你会如何应对？